LES RELATIONS TOXIQUES

EN AMOUR ET EN AFFAIRES

MARYSE AUDET

LES RELATIONS TOXIQUES EN AMOUR ET EN AFFAIRES

Libérez-vous des
PERVERS NARCISSIQUES

BÉLIVEAU
éditeur

Couverture et mise en pages : Christian Campana — *www.christiancampana.com*

Photo de la couverture : iStock

Dépôt légal : 2e trimestre 2021
Bibliothèque et Archives nationales du Québec
Bibliothèque et Archives Canada

ISBN : 978-2-89793-166-7
ISBN Epub : 978-2-89793-167-4

BÉLIVEAU
éditeur

567, rue de Bienville
Boucherville (Québec) Canada J4B 2Z5
450 679-1933

www.beliveauediteur.com
admin@beliveauediteur.com

Gouvernement du Québec – Programme de crédit d'impôt pour l'édition de livres – Gestion SODEC – www.sodec.gouv.qc.ca.

Nous reconnaissons l'appui financier du gouvernement du Canada.

IMPRIMÉ AU CANADA

À toi qui as décidé de te choisir.

Tout le monde mérite d'aimer
et d'être aimé à sa juste valeur.

Table des matières

Avertissement

Ceci est une œuvre empirique et théorique. Bien que cet ouvrage résulte des connaissances et de l'expérience de l'auteure, les personnes, les organisations ou les situations qui y sont décrites sont des exemples fictifs utilisés seulement à des fins d'illustration des propos de l'auteure et ils sont le produit de son imaginaire. Toute ressemblance ou similitude, de près ou de loin, avec des personnes, des organisations ou des évènements réels, existants ou ayant existé ne serait que le résultat d'une coïncidence purement fortuite totalement hors du contrôle de l'auteure.

Personne ne passe par hasard dans ta vie. Tous ont quelque chose à t'apporter... La vie ne t'envoie pas toujours les personnes que tu désires. Elle fait en sorte que celles dont tu as besoin croisent ton chemin... Certaines t'aideront, d'autres te blesseront, d'autres encore t'aimeront puis te laisseront de nouveau seul... Quelques-unes d'entre elles resteront pour toujours à tes côtés... Mais toutes te laisseront un signe au fond des yeux qui, de temps en temps, te fera penser à elles, en bien ou en mal... car c'est grâce à ces personnes, qui entrent et sortent de ta vie, que tu deviendras ce que tu es destiné à devenir. Et voilà, c'est ça la vie...

Auteur inconnu

Prologue

Le couple, l'ego... qu'est-ce que je suis venue apprendre de ces concepts ?

J'ai l'impression d'avoir rencontré l'Homme de ma vie, mais en même temps, je sens que je dois être parfaite à ses yeux. Est-ce mon ego ou le sien ?... Ou son ego qui interpelle le mien ?

Je ne sais plus. Quel est le vrai bonheur ? Parfois, ma vie d'avant me manque. Pas de casse-tête, tout pour me sentir bien. Ce changement de vie m'a rendue fragile. Je me fais dire que je suis en train de me détruire et de détruire mon couple. En même temps, j'ai l'impression de ne rien comprendre. Quelle sorte d'apprentissage dois-je faire ? J'ai l'impression de me retrouver seule... mais en couple. J'ai l'impression d'abandonner qui j'étais et d'accueillir une nouvelle personne que je ne connais pas. Et je ne sais pas trop comment l'apprivoiser.

Accepter ce qui est !!! et ne pas regarder le passé. Difficile lorsque le passé était confortable et que tu envisageais un avenir MEILLEUR. Certainement que ce sera mieux. Du moins, je l'espère... mais d'ici là, il en reste combien des étapes... je suis épuisée... j'ai le goût de partir, seule avec mon sac à dos... faire un voyage à Compostelle ou quelque chose comme ça.

Je ne comprends pas ce qui se passe en lui.

~

Je suis Élyane, une professionnelle avec une fougue impressionnante. Je suis agente d'artistes. Ce domaine m'amène à rencontrer des gens inspirants et surtout à me dépasser. J'adore faire briller mes artistes, leur trouver des contrats, négocier, parler avec les journalistes. Le côté showbiz *m'allume, me passionne. Je travaille beaucoup, je le reconnais. Je veux garder ma place, être reconnue. Il n'est pas rare que je passe des soirées et même des week-ends pour les premières ou des spectacles.*

Il y a quelque temps, j'ai fait la rencontre de l'Homme de ma vie, Charles (du moins, c'est ce que je croyais). Le coup de foudre! J'ai eu l'impression de vivre un amour comme dans les films. Vous savez, les films pour ados où le mec parfait fait la cour à la jeune demoiselle pour ensuite former un couple qui fait rêver.

En discutant avec lui, je sentais que nous étions des âmes sœurs avec les mêmes intérêts. Des étoiles dans les yeux, les premières semaines furent hautes en couleur. Je vivais d'amour et d'eau fraîche, et lui aussi! Main dans la main, lors d'un voyage à sillonner les rues de Boston, comme deux touristes qui ont l'impression de suivre la route de l'amour, j'étais certaine que ce serait pour la vie. Je devenais de plus en plus dépendante de cet homme, une sorte d'emprise s'installait sournoisement et surtout de façon inconsciente. Peu à peu, je m'oubliais, je passais sous silence ses comportements toxiques tels que sa prise d'alcool quotidienne, son besoin excessif d'admiration chez les femmes et surtout son besoin d'avoir raison. Je sentais que je ne pouvais rien demander afin que l'on s'ajuste l'un à l'autre. Il me faisait sentir que j'avais tort. Je gardais le silence par peur qu'il cesse de m'aimer. Je ne voulais surtout pas le perdre. Peu à peu, j'ai vendu mon âme et perdu mon pouvoir sur ma vie. Tout cela s'est passé incognito.

À peine quatre mois de cette relation et je reçois un diagnostic de dépression. Je ne croyais pas être atteinte un jour d'une dépression. J'en avais entendu parler dans des reportages, comme bien des gens, j'avais lu des articles. J'avais même fait un travail au cégep sur ce sujet. Pour moi, une dépression, ça arrive juste aux autres, impossible que j'en sois atteinte, je suis faite forte et j'en ai vu d'autres... Eh non, la dépression peut nous toucher même si nous ne le souhaitons pas.

Pourtant, je suis avec l'homme rêvé, qu'est-ce qui a bien pu se passer ?

Le travail ? Non, je me sens nourrie et je suis passionnée.

Le surmenage ? Certainement, mais pourquoi ?

Je souffrais à l'intérieur, je m'allongeais sur le plancher de la salle de bain, espérant qu'une guérison arrive par magie. Je me sentais fatiguée et les émotions négatives accompagnées de siestes d'après-midi faisaient maintenant partie de ma vie. Il me disait que je n'avais pas de raison d'être en dépression. Que nous avions tout pour être heureux. Je sentais que je n'avais pas le droit de me sentir dans cet état, que je devais redevenir joyeuse et lumineuse en claquant des doigts.

De plus en plus, je perdais en efficacité à mon travail. Mon rendement se faisait sentir au bureau. Je perdais de l'autonomie, de la motivation et je me sentais davantage comme une débutante.

J'étais consciente que je vivais avec l'espoir de vivre constamment cet amour magique en même temps que je vivais de la torture mentale, et ce, durant la même journée. Cette dualité était bien présente et je ne me sentais pas aimée à ma juste valeur. Je me sentais de plus en plus irritable, instable émotionnellement, je perdais des cheveux, je m'assombrissais.

Son manque d'empathie, de compréhension, sa froideur extrême face à ma douleur ne faisaient qu'ajouter des couches à la souffrance que je ressentais déjà dans mon cœur. Souvent, je le sentais saigner dans ma poitrine sans que personne ne puisse y mettre un pansement.

À travers les mois, j'ai évolué, j'ai compris que la vie est une école et que ce n'est pas nous forcément qui décidons tout. J'avais le cœur brisé à penser que j'allais mettre un terme à cette vie de couple. Mais d'un autre côté, y rester contribuerait à créer mon propre malheur et celui de mes proches. En apparence, j'avais la vie parfaite... mais ça, c'est l'ego. Le terme ego *que j'ai appris dans tout ce processus. Cette fausse identité que les gens sur cette terre se sont appropriée. Cette partie de nous que nous acceptons et qui, selon nous, nous protège... mais c'est tout le contraire, elle crée de la souffrance.*

Malgré ce bonheur mélangé à la noirceur, je sentais qu'un détail m'échappait dans cette relation.

Un détail qui étouffait ma lumière.

Un détail qui changeait drastiquement la personne que j'étais.

Un détail qui me faisait souffrir tous les jours.

Ce détail, si je ne l'avais pas découvert, m'aurait rendue malade jusqu'à en mourir vivante.

Ce détail, si je ne l'avais pas découvert, m'aurait fait passer à côté de ma vie !

Ce détail, si je ne l'avais pas découvert, m'aurait fait disparaître pour me faire vivre dans cette illusion.

Ce détail est que cet homme que j'adulais était un ***pervers narcissique****. Plutôt, il avait un trouble de la personnalité narcissique.*

Élyane

Introduction

Qu'est-ce qu'un pervers narcissique ? Ce terme, qui est de plus en plus véhiculé, mérite toute votre attention sous trois aspects. D'abord, savoir le reconnaître et apprendre à vous en libérer. Ensuite, éviter de croire que chaque personne qui vous fait du mal est un pervers narcissique et, finalement, comment détecter le VRAI pervers narcissique. Retenez que l'évaluation d'une psychopathologie comme un trouble de la personnalité narcissique (TPN) constitue toutefois un acte réservé par le Code des professions à certains professionnels, dont les psychologues et les médecins psychiatres. Ce livre vous guidera à le repérer et à vous outiller pour enfin reprendre le pouvoir sur votre vie. Par les stratégies que je vous présenterai dans les prochaines pages, vous serez davantage aiguillé pour vous protéger de son piège. En aucun cas, vous ne pourrez poser un diagnostic par vous-même ; ce sont des pistes qui sont présentées afin de connaître l'existence de ce trouble de la personnalité.

Les pervers narcissiques ne représenteraient que 2 à 3 % de la population, mais côtoyer l'un d'entre eux est très souvent une expérience destructrice[1]. C'est peu, mais les possibilités que vous côtoyiez un homme ou une femme ayant un trouble de la personnalité narcissique sont réelles et les dégâts psychologiques peuvent vous anéantir jusqu'à vous éteindre complètement si vous n'avez aucune munition et ignorez leur existence.

Pourquoi ? Sans le savoir, vous tombez dans leurs filets. Il est important de vous souvenir que peu importe votre scolarité, votre statut social, votre milieu de travail, vous êtes une victime potentielle. Ce sont des êtres d'ombre qui vampirisent votre énergie. Ils sont très difficiles à cerner, alors plus vous lirez sur ce sujet, plus vous saurez les repérer et plus vous développerez des outils concrets pour vous en prémunir dès les premiers contacts, et ce, sans même savoir si la personne devant vous est un pervers narcissique. Souvenez-vous, je cite ici l'auteure Annabelle Boyer : « Une relation sous emprise s'instaure graduellement. Si le lien était étouffant dès le début, personne n'y resterait ![2] »

Nous sommes tous appelés à discerner l'ombre sur terre pour mieux nous reconnaître, pour évoluer ou encore pour expérimenter la dualité. On nous enseigne, par le développement personnel, à vivre dans la lumière, à développer le positivisme, à devenir de meilleures personnes, etc. En revanche, nous devenons naïfs de croire que tous les êtres sur la terre incarnent le bien-être et la bienveillance. Cette naïveté nous amène à nous laisser influencer par les jeux des êtres

---

1 https://www.psychologies.com/Moi/Problemes-psy/Troubles-Maladies-psy/Articles-et-Dossiers/Manipulateurs-pervers-narcissiques-qui-sont-ils

2 *Relations sous emprise*, Annabelle Boyer, Béliveau éditeur, 2015, p. 39.

malveillants et à leur céder notre pouvoir. C'est à ce moment que nous perdons OU sacrifions notre propre lumière.

Ce livre est divisé en deux parties. La première : *Qui est le pervers narcissique en amour*, et la seconde partie : *Qui est le pervers narcissique en affaires.*

En amour, il se présentera comme le prince charmant, tel un film de Walt Disney. Vous devinerez que le prince se transformera sournoisement en bourreau et détruira à petit feu sa victime sur les plans psychologique et émotionnel.

En affaires, vous avez plus de probabilités de le croiser sur votre route. Il recherche le pouvoir et veut briller de mille feux. Il convoite des hauts postes en entreprise et trouvera des victimes pour l'aider à gravir les échelons ou à faire des acquisitions d'entreprises afin d'augmenter son pouvoir. Il aspire délibérément à être à la tête de l'organisation. Pour vous amener à joindre son équipe, il vous présentera des projets glorieux pour vous faire rêver. Il peut être très convaincant dans ses paroles, donc vous pourrez y croire et une fois embarqué, vous vous rendrez compte que tout cela n'était qu'illusion et que vous avez fait confiance à un arnaqueur.

Dans les deux cas, en amour ou en affaires, une fois que vous souhaitez vous sortir de cette emprise, il vous faudra non seulement du courage mais aussi des outils pour vous protéger de cette manipulation et surtout pour guérir de son passage. Le pervers narcissique est incapable de perdre. Vous trouverez à travers ces pages des tactiques pour fuir sans y laisser votre peau. Pour le pervers narcissique, perdre sa victime est un échec, car il sait que son emprise s'éteint. Il trouvera alors des gens dans votre entourage pour retrouver ce pouvoir qu'il a réussi à gagner sur vous. Pour éviter d'y succomber, vous devrez être bien armé.

Si vous devez vous libérer d'une telle personne, ce livre vous éclairera afin de mieux vous en protéger et de ressortir grandi de cette expérience. Si vous désirez en apprendre davantage à son sujet, vous découvrirez comment vous pouvez vous sentir au contact d'un pervers narcissique. Vous aurez plus d'outils qui vous permettront d'entendre les signaux d'alarme avant de vous faire piéger.

Rien ne sert de se venger, de le raisonner ou de donner une leçon au PN[3]. Rien ne sert de dénoncer et de tenter de convaincre les gens qui le côtoient encore du mal qu'il peut faire. Ils ont, eux aussi, leur chemin à parcourir pour le découvrir. Souvenez-vous que le PN est irrésistible par ses paroles bien choisies; il réussit à amadouer les autres pour les convaincre que c'est vous le problème. Vous devez apprendre à vous concentrer sur vous, à déployer vos ailes, à reprendre votre pouvoir et surtout à GUÉRIR toutes vos blessures pour ainsi retrouver l'Être que vous êtes appelé à devenir.

À travers ces pages, vous découvrirez certains aspects et comportements du PN en amour et en affaires. Les exemples présentés sont inspirés de comportements qui peuvent être réels. Ils ont pour objectif de vous aider à assimiler comment il se présente, quelles sont les tactiques qu'il utilise et comment les repérer et les déjouer. Chaque situation présentée aura une leçon à retenir que vous serez invité à découvrir, et ce, dans le but de vous armer davantage face à lui. Souvenez-vous que le

3 PN: pervers narcissique

PN est centré sur son moi, c'est un égocentrique. Je présente ici un extrait du livre *Egoman* et un du livre *Le jour où je me suis aimé pour de vrai*, du Dr Serge Marquis, qui représentent les effets nocifs causés par l'ego. Bien que nous ayons tous un ego qui peut nous prendre au piège, le PN, lui, est plutôt pris dans cette coquille.

« J'étais rongé par le 'syndrome du moi'. Une affection qui fait souffrir à peu près tous les humains sur cette planète. À commencer par les individus qui la contractent, bien sûr. Mais elle fait surtout souffrir les autres (quasiment toutes les personnes qui entourent celle qui en est infligée)[4]. »

« Je n'avais pas vu que l'ego est encore une autre invention des hommes pour apaiser la peur du vide, du néant, du sentiment de ne pas exister. De l'absurdité[5]. »

En apprenant sur ces individus, vous comprendrez que leur égoïsme, qui motive leurs actions, écorche à son passage les gens qui les entourent.

Avant tout, démystifions différents types de personnalité toxique dont vous entendez souvent parler ; souvenez-vous qu'ils sont menés par leur ego. Les ouvrages du Dr Serge Marquis illustrent bien ces pelures identitaires créées par l'ego. Cependant, les personnes toxiques s'identifient à cet ego, ce qui les pousse à y vivre quasiment en permanence.

---

4 *Egoman*, Dr Serge Marquis, les Éditions Guy Saint-Jean, 2016, p. 28.

5 *Le jour où je me suis aimé pour de vrai*, Dr Serge Marquis, les Éditions de La Martinière, 2017, p. 147.

Le manipulateur

Cet individu, centré sur ses besoins, est très égocentrique. Il ne pense qu'à lui et au pouvoir. Il utilisera différentes stratégies pour prouver qu'il a raison et surtout gagner pour gagner. Tout lui est dû, il «possède», tant le matériel que l'autre personne. Il se préoccupe de ses propres intérêts, il met des bâtons dans les roues aux autres pour ainsi gravir les échelons au travail ou obtenir ce qu'il désire. C'est un *adolescent* ne possédant aucun discernement. Certains ouvrages, tels que *Relations sous emprise*[6] et *Les manipulateurs sont parmi nous*[7], vous éclaireront sur ce type de personnes.

La personnalité perverse

Cet individu a un besoin de dominer l'autre, il se présente à lui avec un masque de séduction et réussit à le fasciner et à lui faire boire ses paroles, car il a comme objectif le POUVOIR. Il a développé des stratégies relationnelles pour mieux faire tomber l'autre dans ses filets. Tous ses actes de *bonne volonté* ont pour objectif premier de faire ramper sa victime à ses pieds pour ainsi mieux la contrôler, la déshumaniser et l'exploiter. Il se base sur le paraître, il est dénué de sensibilité et d'humanité.

Il vise à projeter en l'autre la part clivée, inacceptable de lui-même (souffrance, émotions, ressentis, culpabilité, honte, amour, tendresse...)[8].

---

6 *Relations sous emprise*, Annabelle Boyer, Béliveau éditeur, 2015.

7 *Les manipulateurs sont parmi nous*, Isabelle Nazare-Aga, les Éditions de l'Homme, 2015.

8 https://www.psychotherapie-calonne.be/pervers--narcissique--ou-pervers-narcissique---les-distinguer-pour-mieux-se-liberer_ad114.html

Il projette constamment son intérieur sur l'autre et c'est là que la victime commence à douter d'elle-même, jusqu'à en devenir malade.

La personnalité narcissique

Cet individu a un ego démesuré, il veut se faire aduler, remarquer, il recherche l'attention, surtout chez le sexe opposé, qu'il soit en couple ou non. Il se sent supérieur et recherchera à se lier avec des gens ayant un haut statut dans la société, car cela le valorise et il croit que c'est ce qu'il vaut. Il rabaisse l'autre, le méprise, le dénigre, le culpabilise et tout ça de façon très sournoise. Lorsque vous commencez à avoir des doutes à son sujet, il aura fait beaucoup de dégâts psychologiques en vous.

Il est axé sur le paraître et il écrasera pour briller. Il est incapable de tolérer le succès des autres car tout lui est dû.

« L'ego n'est rien d'autre que le cancer de la conscience. Il fait plus que tuer, il empêche les vivants de vivre[9]. »

Le pervers narcissique

Cet individu combine autant les caractéristiques du manipulateur que celles de la personnalité perverse et celles de la personnalité narcissique. *Or, tous les manipulateurs ne sont pas des pervers narcissiques. Un manipulateur peut manipuler pour parvenir à ses fins, mais ne cherche pas forcément à blesser l'autre. En revanche, le pervers narcissique ressent un besoin maladif de se mettre en valeur, et cherche volontairement à écraser l'autre, à le faire souffrir*[10].

---

9 *Egoman*, Dr Serge Marquis, les Éditions Guy Saint-Jean, 2016, p. 130.

10 https://www.sexologie-psychotherapie.com/sexologie-paris/manipulateur-pervers-narcissique-paris-75/

À travers ces pages, c'est à lui que nous nous intéresserons. J'utiliserai le masculin pour alléger le texte, mais retenez que des femmes peuvent aussi être atteintes de ce trouble de la personnalité, même si elles sont moins nombreuses[11].

Le pervers narcissique combine les techniques de la manipulation et de la séduction. C'est ainsi qu'il vous dupera et réussira à ancrer en vous ce qu'il désire par ses habiletés très bien développées. Il connaît très bien son instrument et sait quelle musique jouer à vos oreilles. Vous n'êtes pas sa première victime et encore moins la dernière. Il est très dangereux et plus difficile à cerner. Lorsque vous commencez à le côtoyer, dès les premiers instants, vous sentez que quelque chose cloche. Par sa façon de vous envoûter, il réussit à faire naître en vous l'espoir qu'une relation amoureuse ou d'affaires est possible et surtout qu'elle sera la meilleure pour vous.

Vous aurez comme défi de vous en libérer avant de vous dénaturer, car le PN aspirera toute la lumière en vous. Il ne changera pas car il est convaincu qu'il a raison. D'ailleurs, ils sont très peu nombreux dans le bureau d'un psychothérapeute. Si l'un d'eux s'y présente, c'est pour manipuler sa victime et non dans l'intention de travailler sur lui-même. Après tout, pourquoi travaillerait-il sa partie d'ombre alors qu'il vous a littéralement assombri. Il est convaincu que c'est vous le problème et, malheureusement, cela fonctionne car il a réussi à semer des ambiguïtés dans votre tête. Je cite Isabelle Nazare-Aga : « J'ai connu quelques cas

---

11 https://www.medisite.fr/troubles-psychologiques-pervers-narcissiques-plus-dhommes-que-de-femmes.1230224.107.html

d'hospitalisation en psychiatrie de femmes détruites par leur mari manipulateur[12].»

Le trouble de la personnalité narcissique est décrit dans le Manuel diagnostique et statistique des troubles mentaux (DSM-5)[13]. C'est une personne en déséquilibre qui, en apparence, fonctionne normalement en société sous différents masques et sait lequel porter en présence de chaque personne qui se trouve devant elle. Selon l'auteure Christiane Northrup: «Ces personnes représentent un énorme problème de santé publique qui est largement passé inaperçu, tant aux yeux des individus et de la société en général, que des professionnels de la santé mentale et du système judiciaire[14].»

Le trouble de la personnalité narcissique est également répertorié dans le Manuel de Classification internationale des maladies (CIM) ICD-10 publié par l'Organisation mondiale de la Santé[15].

À noter

Pour le DSM-5[16], le patient présente au moins cinq des symptômes suivants[17]:

- le sujet a un sens grandiose de sa propre importance (par exemple il surestime ses réalisations et ses capacités, s'attend à être reconnu comme supérieur sans avoir accompli quelque chose en lien avec celles-ci);

---

12 *Les manipulateurs sont parmi nous*, Isabelle Nazare-Aga, les Éditions de l'Homme, 2015 p. 66.
13 https://fr.wikipedia.org/wiki/Trouble_de_la_personnalit%C3%A9_narcissique
14 *Esquivez les vampires d'énergie*, Christiane Northrup, Éditions Le Dauphin Blanc, 2019.
15 https://fr.wikipedia.org/wiki/Trouble_de_la_personnalit%C3%A9_narcissique
16 *The Diagnostic and Statistical Manual of Mental Disorders* (DSM–5).
17 https://fr.wikipedia.org/wiki/Trouble_de_la_personnalit%C3%A9_narcissique

- il idéalise un *alter ego* conçu comme objet principal de ses discussions;
- il est absorbé par des fantasmes de succès illimité, de pouvoir, de splendeur, de beauté, de perfection ou d'amour idéal;
- il s'énerve facilement quand on ne répond pas à ses désirs ou à ses besoins;
- il pense être «spécial» et unique et ne pouvoir être admis ou compris que par des institutions ou des gens spéciaux et de haut niveau;
- il montre un besoin excessif d'être admiré;
- il pense que tout lui est dû: s'attend sans raison à bénéficier d'un traitement particulièrement favorable et à ce que ses désirs soient automatiquement satisfaits;
- il exploite l'autre dans les relations interpersonnelles: utilise autrui pour parvenir à ses propres fins (mensonges, chantage, violence verbale, etc.);
- il manque d'empathie: n'est pas disposé à reconnaître ou à partager les sentiments et les besoins d'autrui;
- il envie souvent les autres, ou croit que les autres l'envient;
- il cache des informations aux autres pour parvenir à ses fins;
- il fait preuve d'attitudes et de comportements arrogants et hautains.

Pour vous aider à le reconnaître et à éviter de croire que tout le monde est PN (incluant vous-même), souvenez-vous: «il faut que certains comportements soient présents de manière presque constante, dans tous les domaines de la vie de l'individu, et tout au long de sa vie [18].»

L'ouvrage que vous tenez entre vos mains n'ira pas dans les profondeurs de cette maladie puisque le PN peut porter, en plus, plusieurs troubles tels que la personnalité limite (*borderline*), histrionique, psychopathe, sociopathe, etc. Les psychologues et les psychiatres détiennent l'expertise pour vous éclairer et vous guider. Je tenterai plutôt de vous montrer le chemin à prendre pour reconnaître le PN, mettre vos limites et réaliser que vous êtes la personne la plus importante dans votre vie.

Évidemment, vous sortir d'une relation toxique avec le PN, en amour ou en affaires, exigera de vous une aide extérieure. Je vous encourage à trouver des coachs ou des professionnels en psychothérapie pour y arriver. Le PN aura réussi à vous inculquer de fausses croyances, à projeter son mal-être sur vous et il vous aura fait souffrir dès le jour 1. Vous serez devenu une personne qui ne se reconnaît plus. Vous devrez vous épurer de toutes les empreintes qu'il aura ancrées en vous afin de vous libérer, sinon, cela risquera d'obstruer votre chemin.

Évitez de croire que si vous côtoyez un jour un PN, le prochain sera identique. Il se présente sous différentes approches mais avec les mêmes bases. Plus vous apprendrez à être prudent au premier contact avec qui que ce soit, plus

---

18 *Comment gérer les personnalités difficiles*, François Lelord et Christophe André, Éditions Odile Jacob, 2000, p. 255.

vous écouterez ce qui résonne en vous et plus vous augmenterez vos chances de fuir un PN dès les premiers instants.

Tel que mentionné, plus vous lirez sur le sujet, plus vous le détecterez naturellement.

~

Maintenant, je vous invite à le repérer, à vous en protéger et enfin à vous en libérer, car c'est ainsi que vous pourrez prendre votre envol. Malgré son passage dans votre vie, vous découvrirez que, grâce à lui, vous aurez transformé vos parts d'ombre et évolué comme jamais... à la condition que vous en fassiez le choix. Rester victime de ses mauvaises intentions ne fera que freiner votre évolution.

Son passage était peut-être nécessaire afin que vous retrouviez enfin la personne que vous êtes vraiment... Ce sera à vous de le découvrir !

– Pourquoi avez-vous attiré un PN ?

– Que deviez-vous comprendre ?

– Que deviez-vous libérer/épurer pour retrouver la lumière ?

– Quelles sont les leçons que vous avez retirées ?

À travers votre lecture, vous trouverez les réponses. Si, pour l'instant, vous ne croyez pas qu'un PN soit près de vous, vous saurez mieux le cibler lorsqu'il se présentera avec ses yeux et son sourire enjôleurs, et ses paroles soyeuses qui seront trop belles pour être vraies.

Un des éléments importants à retenir avant de débuter est qu'il y a peu de chances que le pervers narcissique puisse ou veuille changer.

En réalité, il est extrêmement rare qu'il change ou veuille changer d'attitude ou de valeurs morales. Car les gains que lui a valus cette attitude sont souvent très importants et très gratifiants pour lui (admiration, célébrité, pouvoir...). On ne pourra pas changer un pervers narcissique par un «discours rationnel» car la quête perpétuelle de pouvoir est un moteur puissant et une source intarissable de plaisir, une véritable drogue dure[19].

Pourquoi s'intéresser au pervers narcissique ?

Le terme «perversion narcissique» a été utilisé la première fois en 1986, dans un ouvrage du psychanalyste français Paul-Claude Racamier[20]. Des auteurs ont repris ce terme pour parler de manipulation mentale. Alors que ce trouble n'est pas encore connu de beaucoup de personnes, plusieurs se font prendre aux jeux si destructifs des PN et ignorent à quel point certains peuvent être malintentionnés.

Ils sont peu nombreux, mais être en relation avec un PN peut vous détruire jusqu'à vous rendre malade. Par leurs manipulations, ils sont difficiles à détecter et, rapidement, vous en devenez l'objet en croyant que la situation est normale.

19 https://relation-aide.com/library/le-profil-du-pervers-narcissique/
20 https://sante.journaldesfemmes.fr/fiches-sante-du-quotidien/2537856-pervers-narcissique-reconnaitre-affronter/

Ignorer qu'ils existent ou croire que cela n'arrive qu'aux autres ne fera qu'augmenter leur emprise, leur pouvoir sur nous tous. Vous pouvez les rencontrer partout : en entreprise, en amitié, en amour et même dans votre famille.

Plus vous serez au parfum de qui ils sont, plus vous pourrez vous en protéger et comprendre quelqu'un qui s'en retrouve prisonnier et totalement démuni. Demeurer à leur contact provoquera *une vraie destruction de votre intégrité psychique,* selon Marine Bienaimé, psychologue[21].

Le triangle de Karpman

Connaissez-vous le triangle de Karpman ?

Le triangle dramatique ou triangle de Karpman est un des « jeux psychologiques » de manipulation de la communication.

En 1968, Stephen Karpman a mis en lumière ce jeu psychologique que nous pouvons tous jouer inconsciemment avec notre entourage. Inconsciemment, vous pouvez tomber dans ce piège. Si votre interlocuteur opte pour l'un de ces rôles, vous aussi avez de grandes probabilités d'y tomber. Ensuite, vous serez pris dans un échange sans fin basé sur ces trois rôles.

Les personnes manipulatrices, dont le pervers narcissique, jouent constamment ces rôles et vous amènent à sombrer dans ce triangle avec elles. Vous devenez la victime et pouvez opter pour les autres rôles pour vous protéger. Plus le temps

21 https://wechsra.com/le-pervers-narcissique-de-quoi-sagit-il/

avance, plus vous serez coincé dans ce rôle sans voir une issue possible. Souvenez-vous que la victime a le pouvoir d'arrêter ce jeu ; sans elle, les deux autres rôles n'ont pas de raison d'exister.

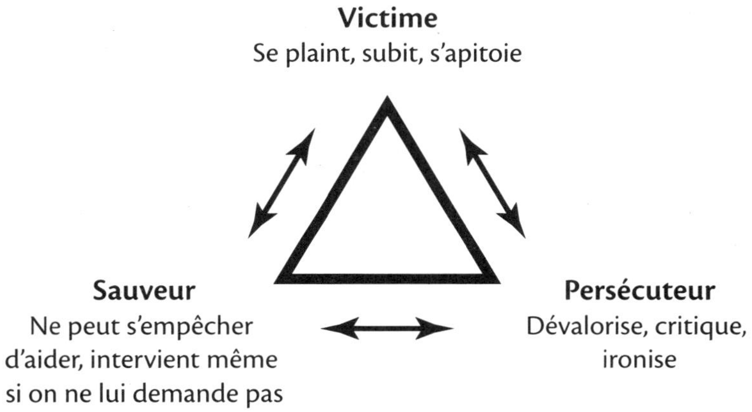

https://www.penserchanger.com/le-triangle-de-karpman-un-drame-a-trois

Certains manipulateurs opteront davantage pour l'un de ces rôles ; je vous détaille plus bas comment ils se comportent au quotidien pour continuer leur manipulation. Chose certaine, ils resteront coincés dans ce triangle à chacun des échanges, dialogues, conflits qu'ils ont avec autrui.

La victime

La victime rejette la faute sur les autres, elle fuit au lieu de prendre la responsabilité. Elle exprimera ses états d'âme de façon très floue sans trouver des solutions. La victime ne passe pas à l'action, elle se plaint pour ainsi attirer l'attention et la compassion des autres. Avec le temps, la victime du PN sombre dans cette noirceur, l'espoir qu'il change est la seule option. Le stress engendré par le PN la fait crouler sous une montagne de problèmes dont elle ne voit pas l'issue de secours. C'est pour cela qu'une aide extérieure est nécessaire.

Dans le cas du PN, lorsqu'il se positionne en victime, il raconte à quel point l'autre a été une mauvaise personne, à quel point c'est difficile. Il joue du violon pour démontrer autant que possible que l'autre est méchant et que lui est une pauvre victime. Il transforme la réalité à son avantage. Il divise pour mieux régner. Dans les conflits, l'autre a tous les torts.

Le sauveur

Le sauveur se gratifie dans ce rôle tout en rehaussant son image. Même s'il est très occupé, il viendra au secours de la victime qui, selon lui, est incapable de faire ce qui doit être réalisé. Le sauveur se sent comme un héros dans ce rôle; grâce à lui, des solutions sont trouvées aux problèmes.

Au travail, il se valorisera sans cesse pour démontrer ses capacités de performance, qu'il est le meilleur et que les autres ont besoin de lui. À la maison, il dira haut et fort à quel point il fait tout et que l'autre ne fait rien. Il est la personne de la situation. Tout ça a pour objectif de rabaisser les autres pour mieux se remonter et briller.

Le persécuteur (bourreau)

Vous pouvez aussi qualifier le persécuteur de bourreau. Il libère, de façon agressive, ses pulsions sur la victime pour obtenir ce qu'il veut. Il utilisera la violence pour intimider l'autre et gagner davantage de puissance. Il priorise ses propres besoins tout en ignorant ceux d'autrui. Il rapporte tout à lui, dans son intérêt. Il est le centre de l'univers. Les besoins des autres ne l'intéressent pas. C'est quelqu'un de critique n'ayant que peu de sens critique envers lui-même. Il établit ses propres règles à son avantage et peut les changer à tout moment pour s'assurer qu'il en ressortira victorieux. Derrière ce rôle se cache une peur imaginaire envers de potentiels ennemis. Pour le persécuteur, plus il sera fort et intimidant, plus il éloignera les dangers.

Comment le pervers narcissique joue-t-il son rôle ?

Je vous présente deux approches que le PN emprunte. Il optera pour l'une des deux principalement.

L'agressif

Il utilise un ton dénigrant, il s'exprime avec de la colère, il est sec et manque de diplomatie à votre égard. Il intimide pour vous faire peur, pour ainsi vous faire plier à ses demandes. Il attaque ouvertement et rejette le blâme sur vous. Certains PN seront brutaux dans leurs gestes, ils frapperont la victime ou lanceront des objets.

On reconnaît facilement une personne agressive. L'agressif se caractérise par ces types de comportements[22] :

- **l'agressif ne respecte pas les droits de l'autre ;**
- **l'agressif rabaisse l'autre** : il se moque, il ironise ;
- **l'agressif utilise la peur** : il intimide, menace et punit ;

22 https://www.affirmation-de-soi.info/comment-s%E2%80%99affirmer-devant-une-personne-agressive.php

- **l'agressif s'impose** : il parle plus, plus fort, il occupe tout l'espace et coupe la parole ;
- **l'agressif s'exprime très clairement et directement** : il accuse et juge.

Le passif-agressif

Les auteurs François Lelord et Christophe André le décrivent comme suit :

« Résiste habituellement aux exigences des autres dans les domaines professionnel et personnel. »

« Discute exagérément les ordres, critique les figures d'autorité. »

« Mais de manière détournée : fait 'traîner' les choses, est volontairement inefficace, boude, 'oublie', se plaint d'être incompris, ou méprisé, ou injustement traité[23]. »

Il est aussi dangereux que l'agressif, car longtemps ses tactiques passeront inaperçues. Il ne cherchera pas à être accommodant avec vous, car cela serait vu comme une défaite et déclencherait chez lui un sentiment de frustration et de révolte. Même une simple demande déclenche une opposition chez lui. Il vous influencera dans sa façon de vivre. « Il va rarement exprimer cette révolte de manière sincère car sa devise pourrait être : "On risque trop à dire ce qu'on pense"[24]. »

---

23 *Comment gérer les personnalités difficiles*, François Lelord et Christophe André, Éditions Odile Jacob, 2000, p. 254.

24 *Ibid.*

Plus il est intelligent, plus il est dangereux. Il est mielleux dans son approche, c'est ainsi qu'il réussit à obtenir ce qu'il désire. Si vous le contrariez, il se vengera par derrière en utilisant les autres. Il opte pour des stratégies afin d'éviter d'être repéré. Il a ses ventriloques, son plan bien défini, il sème la confusion totale. En apparence, il est en contrôle de ses émotions et passe facilement pour la victime. Lorsqu'il vous fait des reproches, il le fait sur un ton facilitant pour mieux vous embrouiller dans sa manipulation et vous faire sentir coupable. Une fois qu'il est repéré, les dommages psychologiques sont très grands, vous n'avez pas pu voir venir quoi que ce soit. Avec le temps, vous verrez son côté agressif, mais il ne le montrera que lorsqu'il sera seul avec vous, rarement en public.

Les effets dévastateurs du pervers narcissique sur vous

Le meilleur repère que l'on puisse avoir pour le détecter : c'est le corps et la sensation de malaise immédiate que l'on éprouve directement en sa présence[25].

Être en relation avec un PN produit des effets dévastateurs sur vous et en vous. Plus vous apprendrez à prendre conscience de ce qu'il provoque en vous à son contact, plus vous serez en mesure de découvrir rapidement ces effets et donc à appliquer des stratégies de fuite pour ainsi cesser votre descente. Également, vous pourrez éclairer les gens autour de

25 https://www.rtbf.be/lapremiere/article/detail_le-pervers-narcissique-cette-personne-qui-peut-vous-detruire?id=10267736

vous qui sont devenus totalement différents depuis l'arrivée d'un PN dans leur vie. Cela vous permettra de vous tourner vers de l'entraide au lieu du jugement. En ignorant ce qu'il provoque en vous, vous tombez facilement dans la culpabilité et le jugement envers vous et envers les autres.

Le pervers narcissique vous envahit rapidement par ses paroles. Voici quelques exemples de ressentis vécus par les victimes (en amour et au travail) qui pourront vous mettre la puce à l'oreille.

- Il vous amène à faire des choses que vous ne feriez pas habituellement. Vous sentez cette pression invisible qui vous pousse à poser une action alors qu'en réalité, vous auriez eu le discernement de ne pas la faire. Vous devenez très influencé par ses paroles.
- Les émotions négatives font partie de votre quotidien : colère, tristesse, angoisse. Vous vous sentez éteint et envahi de négativité. Le PN fait ressortir le pire de vous-même ; c'est ainsi que vous vous effacez pour devenir une personne qui s'oublie, rébarbative, combative, solitaire, dépressive, etc. C'est de cette façon que les autres croient le PN, car ils observent vos comportements alors que c'est lui qui les provoque en vous.
- Vous perdez votre identité, votre estime de vous-même et votre confiance en vous.
- Vous cessez de respecter vos limites, vous devenez anxieux en sa présence (travail ou personnel), vous devenez perfectionniste pour éviter les reproches à vous dévouer dans votre travail ou dans votre couple.

- Vous ne savez plus quoi penser, ressentir et vivre sans le PN. Vous perdez votre autonomie, vous êtes dépendant à la relation toxique, tel un toxicomane pour sa drogue.
- Votre sentiment de culpabilité et de dévalorisation augmente de jour en jour.
- Vous observez une baisse de performance à votre travail. Là où vous réussissiez très bien, ce n'est plus le cas. Vous avez plus de difficulté à accomplir vos tâches et vous avez moins de succès.
- Vous êtes épuisé. Le PN draine votre énergie, ce n'est pas étonnant que vous soyez fatigué sans cause visible à vos yeux. Vous êtes devenu une proie dont il a besoin pour se nourrir.
- Une relation de proximité avec le PN peut créer une baisse du système immunitaire, une perte de cheveux, des troubles respiratoires ou digestifs, une instabilité émotionnelle, la dépression, etc.

À la lumière de ce qu'un PN peut avoir comme emprise sur une personne, il est très important de savoir le reconnaître, car il se présente toujours sous son meilleur jour; mais au premier contact, vous ne pouvez le détecter. Vous devez apprendre à vous écouter, à être prudent. Et à observer les autres autour de vous. Investiguez au lieu de juger si une personne change et ressent les symptômes énumérés, elle est sûrement sous emprise.

Ignorer son existence vous poussera à croire que c'est vous qui avez des problèmes et ainsi vous vous empêcherez de vivre votre vraie vie, car son côté obscur s'emparera de vous.

Je vous invite à poursuivre avec, dans la première partie, le pervers narcissique en amour, où vous apprendrez comment il se présente et se comporte en amour. L'objectif est de vous outiller afin de le repérer et de trouver des moyens de vous en sortir car, oui, c'est possible de vous libérer de son filet.

Si vous n'êtes pas en relation amoureuse avec un PN, cette partie vous renseignera davantage pour éclairer des gens autour de vous qui pourraient être en couple avec un PN.

Souvenez-vous que personne n'est à l'abri, la prochaine victime sera peut-être vous, votre enfant, un membre de votre famille, un ami, un collègue.

Première partie

LE PERVERS NARCISSIQUE EN AMOUR

Il y a des amours qui nous portent
vers le sombre, le pire, la colère et les larmes.

Sabrina Philippe

Qui est le pervers narcissique en amour ?

Définitivement, NON, les pervers narcissiques ne s'attaquent pas aux personnes faibles. Ils ont besoin de quelqu'un de solide, d'aimant, de bienveillant et plein d'énergie, sinon la proie ne les intéresse pas[26].

Dans cette première partie, vous découvrez comment se comporte le PN en amour. Il y a peut-être une personne près de vous qui souffre ou vous-même souffrez actuellement dans une relation toxique et, malheureusement, vous ignorez dans quels impasse/tourment/confusion vous vous retrouvez. La majorité du temps, la victime subit, change, s'éteint lentement, sournoisement, sans être consciente qu'elle est en présence d'un PN.

La relation amoureuse est toxique, basée par des hauts d'amour suivis de bas aussi profonds que les montées d'amour. Il n'y a pas de juste milieu. « La force de son amour est équivalente à sa haine[27]. » Plus vous avancerez dans la relation, moins les hauts demeureront dans le temps. Tout cela se

---

26 https://www.lalibre.be/lifestyle/love-sex/pourquoi-j-ai-attire-un-pervers-narcissique-575fb25d35708dcfedae8507

27 *Et que nos âmes reviennent*, Sabrina Philippe, Éditions Edito, 2019, p. 177.

passe vicieusement sans que la victime ne puisse concevoir dans quel jeu de manipulation elle se retrouve. Le but du PN: faire entrer la victime dans son moule. Sois belle (ou beau) et tais-toi.

Un cercle de violence s'est installé dans la relation, et ce, dès les premiers instants. Il existe différentes formes de violence; avec le PN, vous subirez énormément de violence psychologique et émotionnelle, dans certains cas physique.

Au début de la relation, c'est la phase lune de miel. C'est à ce moment que le PN embobine sa victime. Il détectera quelles paroles elle aime entendre et lui chuchotera à l'oreille à quel point elle est merveilleuse, et il l'enveloppera de qualités. Il saura détecter ses zones d'ombre durant cette première phase. Et c'est là qu'il s'immiscera lentement pour ainsi affaiblir sa victime.

« À la différence des nouveaux couples qui se rencontrent, la phase séduction est dans le but de plaire. Évidemment, nous souhaitons tous nous présenter sous notre meilleur jour dès les premières rencontres, ce qui ne veut aucunement dire que nous sommes manipulateurs. Or, le manipulateur ne se présentera pas sur de meilleurs aspects mais sur des aspects différents[28]. » Il mentira sur qui il est vraiment, s'attribuera des qualités qu'il ne possède pas, prônera des valeurs avec lesquelles il n'est pas en cohérence, amplifiera son statut social, son compte bancaire, critiquera ses ex-conjoint.e.s (pour bien s'assurer que vous ne serez pas comme cela). Le personnage commence à se créer, celui que vous allez aduler, car il analyse tout de vous: vos réactions, vos paroles, vos

---

28 *Les manipulateurs et l'amour*, Isabelle Nazare-Aga, les Éditions de l'Homme, 2004.

goûts, votre passé, etc. Ce qui lui permet de dire ce que vous souhaitez entendre.

Une fois que le PN aura assuré son emprise, vous commencerez à le découvrir sous son vrai jour.

Cette phase, la séduction, permet au PN de faire ramper sa victime de façon sournoise. Par ses éloges, il la rend de plus en plus vulnérable et dépendante de lui. Tout cela se passe de façon imperceptible. Plus la dépendance s'établit, plus les mailles du filet se resserrent.

Le cercle de violence s'installe subtilement dès les premiers instants et augmente en intensité avec le temps.

C'est lors d'un premier différend que le PN agit différemment. Vous êtes en désaccord et ses réactions tombent dans un drame absurde. Sa réaction peut être démesurée ou il emprunte la voie du silence lourd pour ainsi mieux vous faire sentir coupable de son état.

Rapidement, il use de sa violence, peu importe la forme, pour ainsi continuer à vous affaiblir.

Évidemment, il ne prend aucune responsabilité, car c'est vous qui êtes responsable de ses maux (mots).

Ensuite, le PN essaie de faire pitié, vous fait des promesses que cela n'arrivera plus ou qu'il ne comprend pas ce qui a pu se passer, etc.

Ce cycle devient infernal. Avec le temps, la victime s'emprisonne et faiblit. Plus le temps avance, plus la phase lune de miel diminue et le PN y revient chaque fois qu'il sent qu'il peut perdre sa victime.

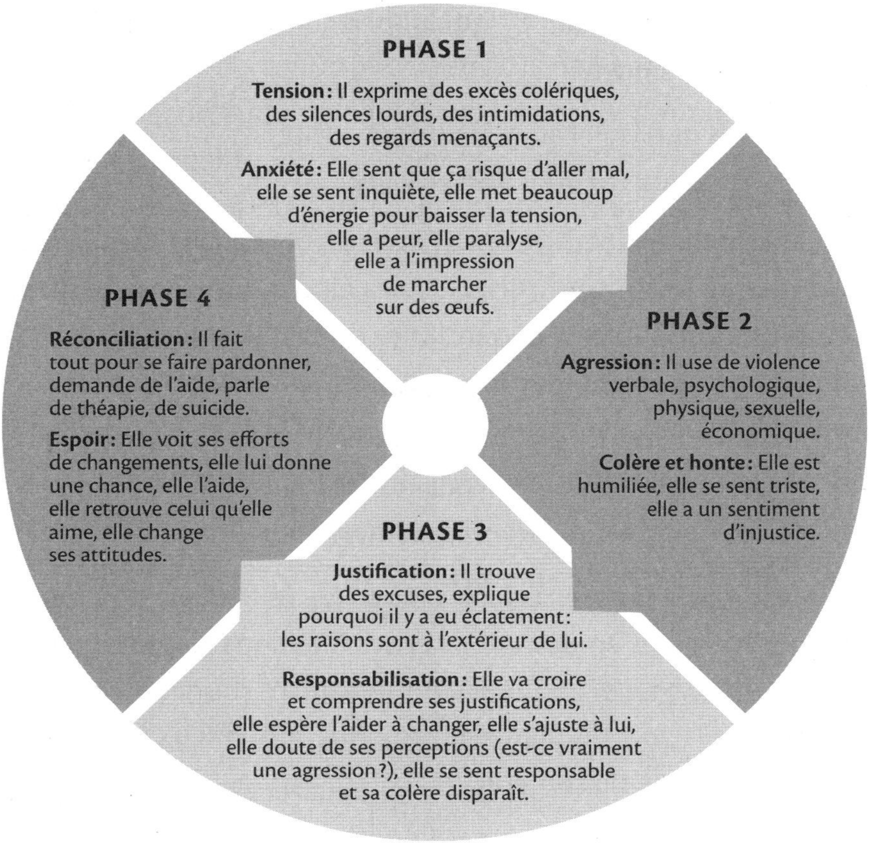

Source: https://maisondureconfort.com/la-violence-conjugale/reconnaitre-la-violence-conjugale/

~

À travers les caractéristiques énumérées dans le DSM-5[29] et certains traits du manipulateur qui peuvent être présents chez le PN, je vous éclairerai par des exemples inspirés. Cela facilitera votre compréhension.

Je vous guiderai à comprendre les effets dévastateurs qu'un pervers narcissique a sur sa victime. Il faut retenir que ce n'est

29 Le DSM-5, la cinquième édition du *Manuel diagnostique et statistique des troubles mentaux* (1), a été publié en 2013 par l'*American Psychiatric Association* (APA).

pas seulement le comportement du PN qui doit être examiné, mais surtout les sensations provoquées chez la victime. En apprenant à vivre en conscience en vous observant, en reconnaissant vos émotions, vos réactions et les actions que vous posez en sa présence, cela vous aidera grandement à le détecter. Prendre de la hauteur peut vous aider à saisir davantage ce que vous ressentez. Vous devenez différent à son contact. Votre intérieur parle plus que vous ne le croyez; il faut faire le vide et vous connecter à votre essence pour apprendre à entendre ce qui se passe en vous. Surtout, faites-vous confiance. Rappelez-vous que le PN est un être hypnotique, attractif et un expert à semer des doutes. C'est ainsi qu'il réussit à vous manipuler.

LE SAVIEZ-VOUS ?

Plus vous augmenterez votre amour envers vous-même, plus vous détecterez les signes avant-coureurs et éloignerez le PN. Vous apprendrez à mieux vous choisir, ce qui augmentera votre estime de vous-même.

Plus vous augmenterez vos activités vers l'introspection (méditation, yoga, ressourcement, marche), plus vous écouterez ce qui se passe à l'intérieur de vous.

Prendre soin de vous régulièrement est essentiel, que vous soyez avec un PN ou non.

L'agitation constante vous maintient dans le mental et empêche ces moments de silence vous permettant d'entendre ce qui se passe à l'intérieur de vous.

Il s'engage rapidement dans la relation amoureuse

Dans tous les types de relation où il y a présence de manipulation, le PN désire s'engager rapidement. Il ne cherche pas à nourrir et à faire évoluer la relation. Il chercher à emprisonner pour mieux contrôler. Que ce soit par l'achat d'une propriété, emménager ensemble, se marier, partir en voyage, avoir des enfants mettre l'argent dans un compte commun, etc. Il désire précipiter un événement qui unira plus officiellement le couple. Jusqu'à ce que l'engagement survienne, le PN ne se montera pas encore sous son vrai jour. Progressivement, vous aurez des indices, car le cercle de violence sera de plus en plus intense, et la phase de réconciliation servira toujours à vous séduire de nouveau.

À retenir : Le premier signal d'alarme, lorsque vous rencontrez un manipulateur ou un PN, c'est son empressement à s'engager.

EXEMPLE INSPIRÉ

Luc et Juliette forment un nouveau couple. Dès les premiers instants, Luc se présente comme un prince. Juliette est parfaite et il lui fait sentir à quel point il est amoureux d'elle.

Luc lui parle déjà que, toute sa vie, il n'a pas voulu se marier mais qu'avec elle, il serait prêt à s'engager. Il lui dit que c'est avec elle qu'il aimerait avoir des enfants.

À peine la relation débutée, Luc désire qu'ils emménagent ensemble et inscrivent les deux noms sur le bail de l'appartement. Tout cela se passe rapidement. Juliette se laisse emporter par lui. Elle lui dit le quartier où elle désire vivre et Luc acquiesce à sa demande.

~

Lorsque le PN répond à vos désirs, il y a anguille sous roche. Il ne s'ajuste pas et n'a aucune envie de faire plaisir. S'il le fait, c'est dans l'objectif de vous amener dans son piège et de vous manipuler.

Une fois emménagés ensemble, Luc n'a jamais reparlé de mariage avec Juliette et le cercle de violence n'a fait qu'empirer.

Leçons à retenir

Le PN aura l'air parfait, la personne idéale pour vous, l'âme sœur. Vous aurez le sentiment que c'est trop beau pour être vrai. Encore une fois, ce sentiment est fondé. C'est trop beau pour être vrai !

Juliette ressentait que tout cela était trop rapide, mais elle n'osait pas en parler à Luc, car tout était si merveilleux. Une fois qu'ils ont emménagé, le masque est tombé. Le PN sait que la victime s'est fait piéger et qu'elle se sent maintenant liée à lui.

Isabelle Nazare-Aga écrit : « Tous les témoignages d'hommes ou de femmes victimes d'un manipulateur montrent que les attitudes du prince ou de la princesse changent radicalement quand un événement engage les protagonistes du couple comme : le mariage, la grossesse ou la naissance d'un enfant, la vie sous le même toit, l'achat d'un logement commun[30]. »

30 *Les manipulateurs et l'amour*, Isabelle Nazare-Aga, les Éditions de l'Homme, 2004, p. 43.

Le PN cherche à emprisonner pour que l'autre lui soit utile. L'emprise débute. Il sait qu'il pourra menacer, manipuler, dominer sa victime par cet engagement. Lorsqu'il sentira que la victime lui glisse entre les doigts, il reviendra à la phase séduction.

Plus la victime aura des croyances limitantes liées à l'amour telles que :

- *Le mariage, c'est pour la vie.*
- *Je ne peux me séparer à cause des enfants.*
- *Si je le quitte, j'aurai tout fait cela pour rien.*
- *Je vais perdre mon travail si je le quitte.*
- *Je serai incapable de refaire ma vie.*
- *Etc.*

… plus l'emprise du PN sera forte, et plus la victime se laissera envahir par la peur.

La victime s'éteindra à petit feu jusqu'à présenter des symptômes dépressifs. Elle se repliera sur elle-même dans cette relation. Pour s'en sortir, elle aura besoin de soutien, par exemple les maisons d'hébergement pour personnes victimes de violence conjugale. Si vous avez le moindre doute, je vous invite à contacter SOS violence ; que vous soyez un homme ou une femme, vous serez guidé vers les bonnes ressources.

Il ment (mythomane)

Le pervers narcissique est mensonge. Tout ce qui sort de sa bouche est difficile à vraiment discerner comme mensonge ou vérité. L'auteure Annabelle Boyer, dans son livre *Détecteur de mensonges*[31], décrit bien que le menteur parle lentement et fixe du regard. Il se concentre sur ce qu'il dit et observe bien la réaction de son interlocuteur pour ainsi s'ajuster au besoin. Alors qu'une personne honnête ne cherchera pas à fixer l'autre et les clignements de ses yeux seront plus fréquents. Le débit du menteur est lent s'il raconte son mensonge en même temps qu'il l'élabore. S'il l'a préalablement préparé, il va le raconter plus vite pour s'en débarrasser.

Le pervers narcissique ment pour différentes raisons : se montrer supérieur, bien paraître, éviter d'avouer ses torts, etc. Il devient si habile qu'il finit par croire que ses mensonges sont la réalité. Il y a incohérence entre ses paroles et ses actes. Il sème la confusion et c'est de cette façon qu'il réussit à faire germer des doutes en vous. C'est ainsi qu'il manœuvre. Son discours est éloquent, vide de sens ; il choisit soigneusement ses paroles et quand il parle, c'est sans arrêt pour ainsi embrouiller votre tête.

Tout au long de la relation, le pervers narcissique mentira tant sur lui (son passé, ses expériences) que sur les autres pour mieux se déresponsabiliser.

31 *Détecteur de mensonges*, Annabelle Boyer, Béliveau éditeur, 2019.

EXEMPLE INSPIRÉ

Émilie est en couple avec Laurent (PN) depuis environ 3 ans. Depuis le début de leur relation, Laurent affirme qu'il a commencé un baccalauréat qu'il a abandonné durant son parcours et repris environ 10 ans plus tard pour le terminer.

Durant leur relation, Laurent affirme à Émilie qu'il a toujours préféré sortir avec des femmes qui ont un baccalauréat, car il voit la différence dans les échanges. Il affirme aussi préférer être entouré de gens scolarisés.

Même si Émilie tente de faire comprendre à Laurent qu'un diplôme ne définit pas la personne, Laurent continue à lui dire que c'est faux.

Ce n'est qu'après la fin de leur relation qu'Émilie s'est aperçue que Laurent n'avait jamais indiqué sur ses cartes d'affaires les lettres de son baccalauréat et elle n'a jamais vu le diplôme accroché sur un mur de la maison ou même à son travail.

Pourtant, un pervers narcissique cherche à démontrer qu'il est supérieur aux autres. S'il avait vraiment obtenu un diplôme, il l'aurait certainement affiché.

EXEMPLE INSPIRÉ

Sylvain est en couple avec Solange (PN). Plus la relation avance, plus Sylvain présente des symptômes de dépression.

Solange lui mentionne fréquemment qu'elle ne le reconnaît plus, qu'il semble en dépression. Solange lui fait part qu'elle a aussi été victime de dépression. Elle attire son attention et celui des autres en partageant comment elle s'est sentie écroulée par cette maladie. D'un autre côté, elle est fière de lui dire qu'elle s'en est sortie seule. Sans psychologue et sans médicament, elle a touché le fond du baril jusqu'à ne plus être capable de sortir de son lit, mais après un an, elle était rétablie.

Plus les semaines avancent, plus Sylvain ressent des symptômes physiques, se sent de plus en plus sensible émotivement et surtout fatigué.

Après avoir lu des articles sur Internet, il décide d'aller consulter son médecin.

À la suite de son rendez-vous, Solange lui demande si son médecin lui a prescrit un médicament et quelle sorte, car elle souhaite savoir si c'est comme celui qu'elle a pris durant sa dépression. Sylvain lui répond par l'affirmative et lui dit le nom du médicament. Solange lui répond : « Ce n'est pas la même sorte que j'ai pris. »

Pendant quelques secondes, Sylvain s'est souvenu que Solange avait déjà affirmé qu'elle s'était sortie seule de sa dépression et maintenant, elle lui dit qu'elle a pris des antidépresseurs.

Quelle est la vérité ?

Sylvain ne le saura jamais, car il a préféré taire sa constatation, espérant qu'il se soit trompé.

Leçons à retenir

« Le pervers narcissique communique de façon paradoxale, ce qui va lui permettre d'assujettir sa victime[32]. » L'auteur Jean-Charles Bouchoux affirme que cela entraîne un blocage des actes, de la pensée, des sentiments et de la perception de la réalité. Vous pouvez le constater dans le cas d'Émilie, elle s'est aperçue du mensonge seulement après la rupture. Laurent

32 *Les pervers narcissiques*, Jean-Charles Bouchoux, Éditions Eyrolles, 2009, p. 35.

affirme qu'il préfère s'entourer de gens scolarisés alors que lui-même ne l'est pas. Ce mensonge était cru par ce qu'il affirmait. Le PN croit qu'il mérite des relations avec des gens ayant un statut élevé dans la société.

Dans le premier cas, Sylvain a eu un ressenti envers Solange. Il s'est aperçu qu'elle était en dissonance entre deux discours. Le pervers narcissique ment sans en avoir l'air, ce qui est confondant pour l'autre. Malgré ce qu'il a observé, Sylvain n'a rien dit à Solange. Il a été bloqué dans son action de parler.

S'il le faut, prenez des notes à chaque observation de contradiction. Une fois la tête reposée, vous pourrez reprendre ces notes et observer toutes les fois où vous avez ressenti un doute sur ce que le PN mentionnait. Vous serez surpris à quel point il peut mentir sur tout et rien sans en avoir l'air.

La dissonance cognitive est une arme de prédilection pour le PN. Lorsque votre cerveau perd ses repères, il y a une dissonance cognitive qui s'installe et fait perdre l'autonomie de la personne à faire des choix pour elle. C'est ainsi que la victime tombe tranquillement dans le piège, elle en perd ses moyens; la peur est de plus en plus présente, ce qui donne le libre accès à la manipulation.

Évitez de dire ses quatre vérités au PN. Il continuera à mentir tout en vous faisant des reproches, affirmant que c'est vous le problème. Imaginez dans quel état il sera s'il apprend que vous prenez des notes sur lui. Si, à l'intérieur de vous, vous vous rendez compte de tous ses mensonges et ne savez pas quoi faire, consultez un professionnel en psychothérapie. Il saura vous guider et vous rassurer pour ainsi éviter que vous croyiez que c'est vous la personne responsable de ses paroles. Souvenez-vous que le PN est mensonge, il restera tel qu'il est ; il ignorera ses mensonges même si vous tentez de les lui prouver par des faits.

Il a un sens grandiose de sa propre importance

Par exemple, il surestime ses réalisations et ses capacités, s'attend à être reconnu comme supérieur sans avoir accompli quelque chose en lien avec celles-ci.

Le PN se croit précieux dans le couple, que l'autre ne pourra se passer de lui. Il vous fera remarquer à quel point il s'occupe de tout : s'il fait la cuisine, il vous fera sentir que, grâce à lui, il s'occupe de vous nourrir. S'il fait l'épicerie, il ne manquera pas de vous le répéter. Bref, dans tout ce que le PN apporte comme soutien dans le couple, il tiendra pour acquis qu'il est le héros et ne se gênera pas pour vous le dire en négligeant totalement ce que vous apportez. Petit à petit, la victime en vient à se croire nulle, elle devient certaine que le PN fait beaucoup de tâches ménagères dans la maison, sans remarquer qu'elle aussi fait sa part dans la relation.

Lorsque la victime tentera d'effectuer une tâche que le PN s'est appropriée, il la dévalorisera, prétextant qu'elle ne fait pas les choses comme il se doit. Le PN ne voudrait certainement pas perdre son rôle important qui le valorise devant sa victime et devant les autres. Sa stratégie est de lui faire croire qu'il est meilleur qu'elle. Ainsi, il maintient un lien de dépendance tout en continuant à se glorifier.

EXEMPLE INSPIRÉ

Sandra et Alain (PN) sont en couple depuis quelques années. Ils ont des enfants ensemble. Dès le début de la relation, Alain fait la cuisine, les courses et quelques tâches ménagères. Sandra fait aussi des tâches ménagères dans la maison, s'occupe des rendez-vous des enfants et aide à la préparation des repas selon les consignes d'Alain.

Fréquemment, Alain répète à Sandra qu'elle ne fait rien dans la maison. Que c'est lui qui s'occupe de tout. S'il n'était pas là, ce serait le bordel dans la maison. Grâce à lui, il y a toujours de la nourriture, ils mangent santé. Il répète sans cesse qu'il fait tout, et ce, devant leurs amis, leur famille. Ainsi, il réussit à entrer dans la tête de Sandra qu'elle ne fait rien (selon ses croyances) et il va rechercher les éloges auprès des autres.

Même si Sandra démontre ce qu'elle fait dans la maison, il l'ignore et renchérit qu'il en fait plus.

Chaque fois que Sandra essaie de cuisiner, Alain lui fait la remarque que ce n'est pas bon. Il n'a jamais envie d'essayer ses menus à elle, ses nouveautés.

Il décide de l'heure des repas de toute la famille, même si Sandra lui fait part que c'est trop tard pour tous. Alain l'ignore, il décide, il fait la cuisine, il est un héros.

Leçons à retenir

Dans le cas présenté, le PN ne fait qu'apporter une aide normale et équitable à sa conjointe Sandra. Celui-ci s'approprie tout le crédit et y met une valeur inestimable. Pourtant, en lui répétant sans cesse qu'il fait tout, il réussit à faire croire à Sandra qu'elle ne fait «rien» et qu'elle ne sait pas faire la cuisine. De plus, chaque fois qu'elle essaie quelque chose de nouveau, elle reçoit une critique. À la longue, cela entraîne une dévalorisation chez Sandra. Avec le temps, elle a préféré maintenir cette étiquette plutôt que de s'acharner à prouver qu'elle est capable.

Prenez le temps de bien analyser lorsqu'une personne se valorise, se glorifie. Est-ce vraiment quelque chose d'exceptionnel qu'elle accomplit ? Est-ce une opportunité de se montrer meilleure que vous ? Pourquoi cette personne a tant besoin de démontrer qu'elle est bonne, meilleure ?

Ces stratégies sont une façon d'anéantir votre confiance envers vous-même et de vous faire sentir que, sans le PN, vous ne sauriez être autonome.

Il manque d'empathie

Il n'est pas disposé à reconnaître ou à partager les sentiments et les besoins d'autrui.

C'est connu, le pervers narcissique est incapable d'empathie. L'auteure Christiane Northrup a écrit : « Les chercheurs ont remarqué que le cortex cérébral des personnes narcissiques était anormalement mince dans la région associée à l'empathie. Le degré d'absence d'empathie correspondait au degré de minceur de cette région du cortex[33]. »

Le ou la partenaire en souffrira énormément, car les sentiments d'appui moral, de compréhension et de soutien mutuel dans le couple seront inexistants. Chaque fois que la victime

33 *Esquivez les vampires d'énergie*, Christiane Northrup, Éditions Le Dauphin Blanc, 2019, p. 87.

fera face à une difficulté, qu'elle soit personnelle ou professionnelle, elle se sentira seule, incomprise. Même devant la maladie, le PN ne fera aucunement preuve d'empathie à l'égard de son ou sa partenaire.

C'est devant les difficultés de la vie que vous pouvez reconnaître le vrai côté de l'autre. Face à une épreuve vécue par l'autre, le PN est absent jusqu'à le pousser à s'en sortir seul pour ainsi ne pas prendre la responsabilité de le soutenir.

La victime ne peut s'attendre à faire équipe dans son couple avec un PN. Il marche seul, devant elle, pense à ses propres besoins, peu importe ce que l'autre vit. Il fait souffrir sans même prendre conscience du mal qu'il cause autour de lui.

À l'inverse, lorsque le PN vit une situation problématique, l'autre doit lui offrir toute son attention et répondre à ses besoins et à ses exigences. Dans la relation de couple, la victime donne et le PN reçoit. Il n'y a aucun échange.

EXEMPLE INSPIRÉ

Camille est en relation de couple avec Michel (PN) depuis près d'un an et demi. Depuis le début de la relation, il existe des tensions. Michel est incapable d'avouer ses torts et de s'ajuster aux besoins de Camille. Depuis qu'ils ont emménagé ensemble, les situations de conflit dégénèrent.

Lorsqu'ils ont des différends, Michel parle sans arrêt. Il manipule par son discours, tente de faire entrer Camille dans son moule. À chaque dispute, la souffrance de Camille augmente. Michel veut avoir raison et fait tout ce qu'il peut pour lui démontrer qu'elle a tort, même si elle lui apporte des faits.

Un jour qu'il argumentait, Camille a senti son cœur s'accélérer, sa respiration devenant de plus en plus courte. Elle a demandé à Michel de cesser de parler, car elle ressentait les symptômes d'une crise d'angoisse. Michel, n'ayant aucune empathie et concentré à gagner pour gagner, a continué son argumentation. Camille a clairement nommé à Michel : « Je fais une crise d'angoisse. » Elle s'est levée pour aller à la salle de bain et s'est étendue sur le plancher, espérant retrouver le calme et que sa crise passe.

Michel l'a suivie. Même si elle était en position fœtale, il a continué sa torture mentale.

Leçons à retenir

Le PN est incapable de voir la souffrance qu'il inflige à l'autre. Camille, qui ignorait à quel point un PN peut ignorer l'autre, a espéré avoir un jour une communication où l'échange et la compréhension seraient présents.

Camille a ressenti ce vide dès les premiers instants. Lorsqu'elle vivait quelque chose, Michel n'était d'aucun soutien. Elle se sentait seule, incomprise et ressentait souvent de la pression pour être parfaite. Ces sentiments l'amenaient à tenter de répondre davantage aux besoins de Michel.

Plus vous détecterez les émotions négatives que vous ressentez lors de vos échanges avec autrui, plus vous observerez si vous vous sentez respecté pour la personne que vous êtes. Pour cela, vous devez définir vos propres valeurs et la manière dont vous souhaitez que l'on vous considère dans tous vos types de relations. Cet exercice mettra en lumière vos propres limites. Ainsi, vous choisirez mieux les gens qui vous entourent au lieu de vous laisser choisir.

Il détruit, nie l'autre et manipule

Souvenez-vous que, dans la relation, le PN utilise l'autre tel un jouet. La victime devient porteuse de tous ses maux à lui, et c'est ce qui empêche ainsi le PN de sombrer dans une angoisse profonde, voire une dépression. Incapable de se retrouver seul, car il vit une angoisse d'abandon, il jouera à menacer sa victime car au fond de lui, il n'a jamais été lié à elle. Il détruit, rejette et revient chercher sa victime, tel un jouet.

Voici son manège :

- **Il salit :** pour prouver à l'autre qu'il ne perd pas beaucoup. Ainsi, l'autre se sent dévalorisé et croit que seulement lui peut l'aimer.
- **Il rejette :** pour rassurer sa propre angoisse d'abandon. Il s'amuse à écraser l'autre et à le mettre à l'écart. Il sait que cela crée un stress chez l'autre. Il gagne du terrain.
- **Il culpabilise :** pour garder sa victime, il la culpabilise afin de se défaire de toutes ses responsabilités et lui faire croire que ses comportements inacceptables sont admissibles.

Le PN ne peut se passer de sa victime, car elle est le reflet de lui-même. « L'identification projective le débarrasse de ses affects. Mais, pour le pervers narcissique, après l'avoir projeté en elle, sa victime est le porteur du symptôme de sa folie.

Perdre son objet signifierait, pour l'agresseur, de retrouver ses propres symptômes[34].»

Ainsi, faire porter le blâme de ses maux sur l'autre lui permet de se sentir bien et en équilibre.

Dans une relation avec le PN, celui-ci veut dominer et non collaborer. Opter pour la collaboration l'empêcherait de contrôler, d'imposer. Il désire empêcher l'autre d'agir ; pour cela, toutes les discussions et négociations constructives sont utopiques.

C'est la répétition de paroles et de comportements destructeurs qui anéantit la victime à petit feu. Le PN refuse toute critique, il a raison, l'autre a tort. La relation est basée constamment sur ce type d'échanges.

Pour parvenir à la destruction de sa victime, le pervers narcissique procède souvent de la façon suivante :

- *il aborde sa victime en affichant une certaine «chaleur» externe ;*
- *il s'insinue de plus en plus dans la vie de cette personne ;*
- *il la vampirise par des moyens directs (reproches, insultes, humiliations...) ou indirects.*
- *Finalement, la victime tombe dans la dépression, la mélancolie, les comportements addictifs, voire l'automutilation. Elle est ainsi totalement à sa merci ou détruite*[35].

Tout cela se passe de façon invisible aux yeux de tous. La peur du PN est de se faire découvrir. Il s'assure devant les

34 *Les pervers narcissiques*, Jean-Charles Bouchoux, Éditions Eyrolles, 2011, p. 80.

35 https://relation-aide.com/library/le-profil-du-pervers-narcissique/

autres qu'il prend soin de sa victime, il désire démontrer qu'ils sont un couple parfait. Celle-ci sautera sur ces occasions, car ce sont dans ces rares moments qu'elle obtiendra toute son attention. Encore une fois, ce sont des stratégies de manipulation de la part du PN. Il prend le masque du Roméo devant autrui pour camoufler sa vraie nature.

La victime finira par se taire, par devenir littéralement un objet sombre qui peut être utilisé par le PN comme bon lui semble (la colère est retournée contre elle-même) OU la victime optera pour des réactions destructrices, de révolte envers lui (elle retourne sa colère contre le PN).

EXEMPLE INSPIRÉ

Josée et Anthony habitent ensemble depuis quelques mois déjà. Josée (PN) s'est assurée qu'Anthony achète une maison selon ses critères à lui. Mais Anthony ne peut assumer seul les dépenses que cela engendre.

Elle sait qu'il aime le quartier et adore leur maison. Elle sait aussi qu'Anthony est bien accroché à elle, qu'il a peur de la perdre. Une fois l'emprise bien installée, au moindre petit conflit, Josée menace Anthony de céder sa partie ou de le quitter.

Chaque menace rend Anthony nerveux. Ils viennent d'emménager dans leur petit nid et déjà Josée a su peser sur les bons boutons. Elle a détecté qu'Anthony tient à la maison et à la relation. Deux éléments sur lesquels Josée appuiera pour détruire lentement Anthony.

Un beau jour, Anthony en a assez. Il fait part à Josée qu'il a contacté un agent d'immeubles et si c'est ce qu'elle désire, la maison sera en vente. Dépourvue, Josée sent réellement qu'elle perd son arme de prédiction (la maison) et, du coup, sa victime.

C'est alors que Josée devient émue devant Anthony et lui dit à quel point elle aime la maison et désire rester avec lui.

Anthony est tombé dans le piège et le cercle de violence a continué.

Leçons à retenir

Lorsqu'il sentira qu'il perd le contrôle sur sa victime, le PN utilisera ce chantage pour éviter de reconnaître ses torts et les problèmes qu'il engendre lui-même dans le couple. Tous ses reproches sont un reflet de son intérieur. Le PN détectera ce qui tient à cœur à la victime et s'en servira pour la menacer. C'est de cette façon qu'il réussit non seulement à contrôler mais aussi à détruire. Même si la victime tentera de se débattre, sans le savoir, elle creusera sa tombe.

L'existence même de la victime peut constituer, pour le pervers, un reproche permanent de sa perversité, et elle devient alors, à son insu, celle sur qui va se focaliser sa haine. Le pervers s'en prendra d'ailleurs à tous les « redresseurs de torts », à tous ceux qui auront cherché à le faire changer, et il n'aura de cesse de les faire chuter (moralement, socialement) car ils auront commis le crime, impardonnable à ses yeux, de faire intrusion dans son système de « confortement narcissique permanent »[36].

36 https://relation-aide.com/library/le-profil-du-pervers-narcissique/

Tant et aussi longtemps que la relation existera, ce jeu de manipulation sera présent.

Il a un besoin excessif d'être admiré

Le pervers narcissique a un besoin de reconnaissance et surtout d'être admiré. C'est pourquoi il recherchera l'attention et le regard des autres. Il est constamment en mode séduction, même lorsqu'il est en couple avec vous. C'est plus fort que lui. Ce besoin d'être admiré l'amène à trouver d'autres proies avec qui il aura des échanges basés sur la séduction, jusqu'à les faire tomber en amour avec lui. Il fera sentir aux autres à quel point il les trouve spéciaux, uniques. Il leur donnera plus d'attention qu'à la personne avec qui il partage sa vie. Soit il cumulera les relations extra-conjugales, soit il charmera constamment pour que les autres l'admirent ou tombent en amour avec lui.

EXEMPLE INSPIRÉ

Mia est en couple avec Hubert (PN). Elle n'a d'yeux que pour lui. Il a bien réussi à la rendre dépendante, elle fait beaucoup d'ajustements pour lui et lui donne l'attention qu'il demande.

Même si elle lui fait sentir quotidiennement son amour, Hubert a besoin de côtoyer d'autres femmes. Il ne se gêne pas non plus pour faire les yeux doux à d'autres femmes même devant Mia, et ce, après seulement deux mois de relation de couple. Cette dernière doute de ce qu'elle voit, car elle trouve irréaliste que son propre conjoint séduise d'autres femmes devant elle. Hubert étant un charmeur-né, ces autres femmes embarquent dans son jeu, même devant Mia.

Choisissant de se taire, Mia vit dans le déni, préférant croire que ce sont les autres femmes le problème.

Jusqu'au jour où elle découvre qu'Hubert écrit des textos régulièrement à des femmes dans le but de «jaser» avec elles. Étrangement, ce ne sont pas des hommes.

Mia ose lui en parler, mais Hubert lui fait vite comprendre, en l'entourant de mensonges, qu'elle a un problème de jalousie. Par exemple qu'il n'écrit pas souvent à ces femmes. Même si Mia lui fait part de son inconfort, Hubert lui fera sentir qu'il comprend (par moments), mais au fond, il a comme but de continuer à faire ce qu'il fait sans se préoccuper des commentaires de Mia.

Plus ils avanceront dans la relation, plus les filets autour de Mia seront serrés, jusqu'à espérer qu'un jour, il arrêtera de texter d'autres femmes. Plus elle lui en parlera, plus la tension sera forte et plus Hubert tentera d'entrer dans la tête de Mia qu'elle a un problème.

Dans cet exemple, vous pouvez remarquer que Mia avait bien senti et observé qu'Hubert recherchait l'attention des autres femmes. Elle en avait été témoin et avait ressenti un malaise. Vous pouvez constater que Mia a eu des doutes sur elle quant à ses observations. Mais son intérieur disait vrai. Elle a préféré étouffer cette partie qui était témoin parce qu'elle avait trop peur de perdre Hubert; la dépendance était présente après seulement deux mois de relation.

Leçons à retenir

La fidélité dans un couple ne se résume pas seulement à l'acte sexuel. Charmer, captiver le regard des autres, *cruiser*, contacter un ou une partenaire potentielle régulièrement dans le but d'obtenir de l'admiration, de séduire, de faire croire à l'autre qu'on est intéressé, etc., peuvent être une forme de tromperie. Si vous êtes présentement en couple avec une personne qui a des comportements récurrents comme ceux-ci ou qui vous trahit, c'est à vous de définir si c'est le genre de relation que vous souhaitez entretenir.

Le PN restera avec ce besoin d'exaltation et attirer l'attention sera fort présent chez lui. Il continuera de prétendre que ses gestes sont irréprochables et que c'est vous qui avez un problème de jalousie.

Il pense que tout lui est dû

Il s'attend sans raison à bénéficier d'un traitement particulièrement favorable et à ce que ses désirs soient automatiquement satisfaits

Le PN est centré sur sa propre personne: moi, moi, moi. Peu importe ce que vous traversez, il désire obtenir tout et ressent beaucoup d'envie face à vos succès. Plus vous avancerez dans la relation, plus il éteindra votre lumière pour mieux briller. Selon Jean-Charles Bouchoux: «plus son partenaire va mal, plus il va bien[37].» Le PN se sent confortable dans les drames et les conflits. Il en a vécu toute sa vie et sait exactement comment les créer pour ainsi obtenir ce qu'il désire. C'est un mode de vie normal; le PN est persuadé que ce sont les autres le problème. La victime subit et vit d'espoir.

37 *Les pervers narcissiques*, Jean-Charles Bouchoux, Éditions Eyrolles, 2015.

Il n'a aucune écoute de vos besoins et vous amène à ignorer les vôtres. Même s'il vous interroge sur ce que vous aimeriez, il réussit à vous détourner par sa manipulation afin de vous amener dans sa direction. Il décide de tout et contrôle tout, même vos choix tels que vos achats. Tout cela se passe sournoisement. Il est important de retenir que son vrai visage n'apparaît pas le premier jour. Le PN est rusé et sait comment obtenir ce qu'il désire. Il use de stratégies, vous analyse et c'est ainsi qu'il tisse sa toile autour de vous. Même si vous êtes une personne très affirmée et un leader, le PN prendra plus de temps pour faire de vous sa victime, car il usera davantage de patience et de stratégies. Par sa ténacité, il réussira à resserrer son emprise.

Plus le temps avancera, plus la victime répondra à ses demandes, à ses désirs, à ses goûts à lui, tout en s'effaçant petit à petit. Lorsqu'elle commencera à se rendre compte qu'elle s'est oubliée, elle se sera déjà éloignée de son essence, ressentant une tristesse profonde. Encore une fois, elle en ignorera les causes et sera laissée pour compte dans son mal-être. Lentement, la victime se videra de son énergie et niera sa véritable nature tout en espérant se faire aimer.

L'arme puissante du PN est sa capacité à vous faire douter. Voici les stratégies utilisées :

- il reporte ses propres comportements sur vous ;
- il vous fait ressentir son propre mal-être ;
- il emploi le clivage et le déni dans ses communications.

En utilisant ces techniques, il réussit à obtenir ce qu'il désire, que ce soit :

- de prioriser ses activités et ses loisirs et vous faire oublier ce que vous aimez et désirez ;
- de contrôler vos dépenses, vos choix, votre entourage ;
- de continuer d'agir en vous manquant littéralement de respect ;
- de garder ses dépendances (illusoires) qui lui permettent de ne pas sombrer dans une angoisse profonde, par exemple consommation d'alcool/drogues, jeu compulsif, achats compulsifs, etc.

Avec le temps, il vous fait entrer dans son moule. Vous devenez une sorte de *bibelot* qui répond et qui se tait.

EXEMPLE INSPIRÉ

Jonathan est en couple avec Sandrine (PN). Plus les mois avancent, plus il se sent irritable, impatient, à bout de nerfs. Il s'énerve souvent après Sandrine. Il ne se reconnaît plus. Jonathan est en réaction émotive envers Sandrine. Sans le savoir, le fait de se sentir ignoré dans son être le plus profond le rend à bout de souffle.

Évidemment, Sandrine désire continuer à vivre comme elle l'entend sans devoir prendre soin de son couple et de Jonathan. Elle voudrait qu'il se taise, qu'il soit là pour lui donner « l'amour » dont elle a besoin pour ensuite mieux le tasser du revers de la main.

Un beau soir, Jonathan, au téléphone avec Sandrine, explose. Il n'en peut plus. Le lendemain, Sandrine, sachant bien que Jonathan est maintenant accro à cette relation toxique, lui annonce par téléphone, alors qu'il est au travail, qu'elle le quitte.

Jonathan est dans tous ses états. Il ne se voit pas sans elle. Il la rappelle le même soir pour s'excuser et porter sur lui tous les blâmes des dysfonctions de la relation. Sandrine lui fait la réponse qu'elle réfléchirait.

Il a passé près de 48 heures à ne pas dormir ni manger, espérant que Sandrine revienne sur sa décision.

Sandrine lui transmet un courriel, lui écrivant qu'elle est prête à redonner une seconde chance au couple tout en prenant soin d'écrire à quelles conditions. Elle ajoute même une liste annexée à ce courriel.

Peu importe les conditions, Jonathan voulait reprendre la relation.

Selon vous, est-ce que le comportement de Sandrine s'est aggravé ?

Bien sûr, elle avait une arme de plus dans son arsenal.

Leçons à retenir

Le lien de dépendance en relation de couple avec le PN est puissant. La manipulation est très forte, puisqu'il a détecté vos failles et sait exactement comment vous affaiblir pour ainsi diminuer votre estime de vous-même et vous faire croire que votre vie sans lui est impossible. C'est par ces stratégies sournoises et invisibles qu'il vous rend accro à la relation. Selon Jean-Charles Bouchoux : « Le pouvoir du pervers serait à la hauteur de ce qu'il ne donne pas[38]. » Le manque créé dans la relation pousse la victime à vivre d'espoir qu'un jour elle vivra

38 *Les pervers narcissiques*, Jean-Charles Bouchoux, Éditions Eyrolles, 2015, p. 83.

un amour sain. Tel que mentionné par l'auteure Ingrid Falaise, qui a écrit le livre *Le Monstre*[39], la lune de miel maintient la victime dans la relation. Le PN, pour mieux garder sa victime, lui fait vivre des phases de lune de miel, ce qui nourrit cet espoir que la relation pourrait être vécue ainsi.

Hélas! Le PN a besoin que la victime réponde à ses désirs, la lune de miel fait partie de son mode d'emploi pour la garder à ses côtés et lui faire croire que, pendant un instant, elle est importante à ses yeux. Plus le temps avance, plus la phase lune de miel disparaît. Mais elle reviendra lorsque le PN sentira que sa victime lui glisse entre les doigts.

Le PN est prêt à tout pour gagner et être le maître dans toutes les situations. Même s'il souffre au passage, si son but est de faire plier la victime afin qu'elle comble ses besoins, ses désirs, il le fera. Souvenez-vous que le PN n'a aucune empathie, ne prend aucune responsabilité et fait souffrir sa victime. Tous ces ingrédients l'amènent à devenir méchant sans même être conscient des dommages psychologiques que cela peut occasionner en eux.

Si vous avez mal, si vous vous sentez triste, déprimé, éteint, que vous vous oubliez totalement, vous êtes probablement en couple avec une personne toxique qui vous tire vers le bas. Encore une fois, observez votre ressenti, votre intérieur. Souvenez-vous comment vous étiez avant la relation. Si vous vous sentez mal, pleurez régulièrement, quelque chose cloche. Allez chercher de l'aide ou des ressources pour comprendre le jeu dans lequel vous êtes pris, avant de sombrer totalement.

---

39 *Le monstre*, Ingrid Falaise, Éditions Libre Expression, 2015.

Il exploite l'autre dans les relations interpersonnelles

Il utilise autrui pour parvenir à ses propres fins (mensonges, chantages, violence verbale, etc.)

Vous ne vivez aucun équilibre dans une relation avec un PN. La victime se sent sous un stress, son cerveau produit beaucoup de *cortisol* (hormone du stress) ce qui, avec le temps, l'amène à manquer de discernement. Elle est «exploitée» dans la relation sans même s'en apercevoir. Elle reste dans un environnement malsain et malveillant, croyant que c'est normal. Le PN a réussi à l'affaiblir.

Lorsque la victime ose contredire le PN, elle se lance dans une violence verbale interminable. Ce que je nomme de la torture mentale. Le PN parle sans arrêt, les mots lui sortent naturellement de la bouche, il crée de la confusion, fait du clivage, il *vomit* son angoisse sur sa victime pour ainsi la voir s'écrouler devant ses yeux.

La victime accumulera les émotions négatives et finira un jour par jeter son trop-plein sur le PN. C'est à ce moment que celui-ci continuera son emprise, car il reprochera à l'autre son comportement «déviant». Son vase a débordé et le PN en profitera. Il utilisera les réactions de la victime contre elle-même. Par ces réactions, le PN se fera passer pour la victime à l'extérieur de la relation et cela fonctionnera.

La victime n'arrivera jamais à faire comprendre au PN le mal qu'elle ressent. Il utilisera le chantage pour l'amener à faire ce qu'il désire. Il l'intimidera en utilisant ce à quoi elle tient le plus, par exemple la relation. Il sait qu'elle est dépendante de lui, alors il la menacera par ce qui lui tient à cœur ou de la laisser à chaque nouvelle dispute. Si elle tient à ses enfants, il menacera de lui en enlever la garde s'ils venaient à se laisser. Par ce chantage, le PN affaiblit l'autre pour ainsi gagner en pouvoir. Lorsque sa victime montre ses peines, le PN sait qu'il gagne du terrain. Il cherchera à se faire consoler bien avant de la consoler. Il continuera son chantage affectif. C'est en maintenant la victime dans la peur qu'elle se pliera peu à peu à ses exigences pour ainsi entrer dans son moule. C'est un réflexe humain : lorsqu'une autre personne réussit à nous garder dans nos peurs, c'est ainsi qu'elle est en mesure de garder le contrôle sur nous, car nos inquiétudes dominent.

Plusieurs se demandent pourquoi une personne victime de violence conjugale reste dans la relation. La réponse : elle est prise au piège et ne réalise pas l'ampleur du cercle de violence dans lequel elle est coincée. Le pervers narcissique a réussi, avec le temps, à affaiblir et à assombrir la victime par sa grande manipulation. C'est sournois et invisible.

Souvenez-vous que c'est un fin stratège qui est prêt à tout pour arriver à ses fins.

Avec le temps, la victime tentera de garder sa tête hors de l'eau, car elle sera en mode survie et nagera à contre-courant dans chacune de ses discussions avec le PN. C'est ainsi que l'exploitation s'installera et se maintiendra dans le temps.

EXEMPLE INSPIRÉ

Christian est en couple avec Luce (PN) depuis plusieurs années. Il se sent fatigué quotidiennement, fait des dépressions à répétition, a de la difficulté à se concentrer au travail.

Luce l'accuse d'être dépressif et de la tirer vers le bas. Malgré les efforts de Christian de reprendre sa vitalité (repas équilibrés, exercice), il n'y arrive pas. Luce ne lui offre aucun soutien, sauf de le réprimander.

De son côté, Luce se plaint de Christian à son entourage et à ses collègues. Elle leur fait part que, depuis le début de leur relation, Christian est dépressif, qu'il draine son énergie et que c'est difficile de cohabiter avec lui. Elle leur raconte les détails de ses comportements et qu'elle doit faire elle-même l'entretien de la maison puisque Christian ne fait rien.

Attention : *les gens présentant un problème d'alcool ne sont pas forcément des pervers narcissiques.* Par contre, il est commun qu'un PN ait un ou des problèmes de dépendance tels que l'alcool, la drogue, le jeu, etc.

EXEMPLE INSPIRÉ

Adam (PN) est en couple avec Valérie. Dès le début de la relation, Adam présente une dépendance à l'alcool. Dès son arrivée du travail, il s'assoit et commence à boire.

Après quelque temps, Valérie ose en parler à Adam et lui fait part qu'elle ne peut plus accepter cela de lui. Voyant qu'elle est prête à mettre fin à la relation, il choisit de diminuer sa consommation.

Malgré cela, Valérie constate sa dépendance. La première chose, lorsqu'il arrive, est sa bouteille de vin. Adam s'empresse de boire avant de faire quoi que ce soit d'autre.

Valérie a du mal à vivre avec cela. Elle développe un processus de codépendance. Elle tente de l'en informer. Adam dit à Valérie que c'est elle qui a un problème avec l'alcool et que tout le monde en boit régulièrement. Il ne se cache pas pour raconter cette situation à leur entourage, bien sûr à son avantage, pour ainsi démontrer que c'est plutôt Valérie qui délire et ainsi la faire se sentir coupable.

Leçons à retenir

Le PN est bourreau à la maison et victime à l'extérieur.

Le pervers narcissique choisit une cible, il la séduit puis lui rend la vie infernale. Mais de l'extérieur, rien ne paraît car il reste adorable avec les autres. Les gens ont du mal à croire le témoignage de la victime qui est souvent considérée comme folle, dépressive, voire paranoïaque[40].

Christian, avec le temps, s'est plié aux exigences démesurées de Luce, ce qui l'a fait sombrer. Luce abuse des limites de Christian et l'empêche d'Être. Christian retourne sa propre colère contre lui-même, ce qui l'éteint à petit feu jusqu'à en devenir malade et en ignorer totalement la cause exacte.

La seule façon pour Christian de retrouver sa joie de vivre et de se sortir de cet état dépressif, c'est de quitter Luce. Il s'en voit incapable car il est arrivé à un point où il ne voit pas sa vie sans elle.

40 https://www.passeportsante.net/fr/Actualites/Nouvelles/Fiche.aspx?doc=pervers-narcissique-manipulateur-reconnaitre-emprise-psychologie-perversion

Christian doit prendre soin de lui et apprendre à s'aimer. Lorsque vous devenez dépendant d'une autre personne, vous lui donnez complètement votre pouvoir, ce qui est tout le contraire de vous donner de l'amour.

Christian devra aller chercher de l'aide pour guérir ses blessures d'abandon qui le maintiennent dans la dépendance affective et prendre conscience qu'il est dans une relation de contrôle. Tant et aussi longtemps qu'il ne s'accordera pas du temps pour lui afin de prendre un pas de recul, il lui sera difficile d'accéder à des solutions, ce qui le maintiendra dans ses peurs et dans ce cercle qui le rend malade. Il doit se libérer par la méditation, la marche, le ressourcement et consulter un thérapeute. Plus il évoluera et apprendra à vivre en pleine conscience, plus il observera de l'animosité chez l'autre. Il doit réfléchir à ce qu'il désire vraiment comme relation et surtout prendre conscience du point où il est rendu dans sa vie.

Il doit accepter toute forme d'aide qui lui sera offerte et surtout faire le deuil qu'un jour Luce puisse changer. Avec le temps, il reprendra son pouvoir, soit celui de se choisir et de devenir une personne grandie par ce passage.

Dans le cas de Valérie, elle peut consulter un thérapeute spécialisé en problème d'alcool. Il pourra lui expliquer ce qui amène un alcoolique à boire, ce qui la dérange dans le comportement de son conjoint, les stratégies qu'elle peut adopter et jusqu'à quel point elle est prête à accepter cela. Des professionnels sont présents dans les CLSC, il existe aussi des organismes tels que Al-Anon. Cependant, Valérie devra se rendre à l'évidence qu'un PN refuse d'admettre qu'il peut avoir tort. Les chances qu'il s'en sorte sont quasiment nulles.

Il envie souvent les autres, ou croit que les autres l'envient

Au début de la relation, le ou la partenaire est idéalisé par le PN, c'est la phase séduction. Le PN fait ressentir à l'autre qu'il n'a jamais connu une personne aussi incroyable. La lumière que dégage la victime attire le PN, il veut se l'approprier.

Avec le temps, ces qualités dérangeront le PN. Il est incapable de supporter le succès et les qualités chez l'autre. Il a un désir profond de briller. Pour y arriver, ce sera en étouffant l'autre dans ses désirs, ses projets et en critiquant sans en avoir l'air.

Le PN gâche la joie autour de lui et ne supporte pas le bien-être du partenaire[41]. Il est incapable de savourer le bonheur, donc il amène tranquillement l'autre dans sa noirceur et vampirise son énergie. C'est ainsi qu'il réussit à l'éteindre pour mieux briller à ses côtés.

EXEMPLE INSPIRÉ

Marie fait des compétitions d'escrime. Elle adore ce sport et le pratique depuis son jeune âge. Ce sport la passionne et son talent l'a amenée à remporter plusieurs prix. Elle a fait la rencontre de Simon (PN), il y a déjà quelques années.

Au début de leur relation, Simon lançait des éloges à Marie et lui disait à quel point elle était la meilleure.

Rapidement, Simon a senti qu'il perdait de l'attention et le sport de Marie a commencé à le déranger.

41 https://www.nouvelobs.com/le-dossier-de-l-obs/20120315.OBS3872/pervers-narcissiques-20-pistes-pour-les-reconnaitre.html

Plusieurs fois, lorsque Marie avait une compétition importante, il déclenchait un conflit juste avant, sachant très bien que cela la déconcentrait.

Il pouvait aussi la menacer de ne pas lui offrir son aide pour transporter tout son matériel, ce qui amenait Marie dans une angoisse profonde.

Il pouvait aussi lui dire que ses performances n'étaient pas si bonnes et que les autres avaient de meilleures stratégies qu'elle.

Si des gens de leur entourage disaient à Simon à quel point Marie performait bien, Simon lui revenait en disant d'un ton mesquin: *Ouin, il paraît que tu as été bonne à ta compétition.* Le ton de la voix étant contraire aux mots, ce qui avait pour effet de créer un stress chez Marie.

EXEMPLE INSPIRÉ

Pierre-Antoine se prépare à aller à l'aéroport retrouver son fils qui était parti en voyage «sac à dos» au Pérou depuis trois mois. Il est très excité de le revoir. Laura (PN) est la conjointe de Pierre-Antoine. Devant la fébrilité de ce dernier, Laura a su gâcher sa joie.

Elle lui a fait une crise, lui disant que la mère de son fils sera aussi présente à l'aéroport et qu'elle est certaine qu'il la charmera (même s'ils ne sont plus ensemble depuis plus de sept ans).

Pierre-Antoine se justifie et il est maintenant dans tous ses états.

Laura s'excuse auprès de lui et raconte à Pierre-Antoine qu'au fond, il devrait être heureux de retrouver son fils, qu'elle ne comprend pas pourquoi il est dans cet état.

Le mal a été fait par Laura. Pierre-Antoine a perdu sa joie du début de retrouver enfin son fils. Il est parti à l'aéroport le cœur tout à l'envers.

Leçons à retenir

Lorsque la victime a du succès ou du bonheur, peu importe le contexte, le PN fera tout pour la bouleverser dans cette joie de vivre. Il est incapable de supporter le couronnement et le bonheur des autres.

En optant pour différentes stratégies, Simon, avec le temps, empêche Marie de se valoriser et de reconnaître ses habiletés dans ce sport. Ce que vous possédez (qualités, talents, argent, carrière, etc.), le PN ira vous le soutirer, car il est incapable de vivre avec un ou une conjointe qui réussit... sans lui.

Lors de nombreux évènements joyeux, le PN sautera sur l'occasion afin de provoquer un conflit. Dans le cas de Pierre-Antoine, ce fut lors des retrouvailles de son fils. Le PN excelle aussi lorsque ce sont des occasions spéciales (anniversaire, souper en famille, promotion de carrière, fête de Noël, etc.). Dans tous les événements qui apportent des émotions positives à la victime, le PN sera maître pour la ramener dans des émotions négatives.

Votre valeur devrait toujours être reconnue dans une relation avec l'autre. Pour cela, vous devez reconnaître votre propre valeur. Plus vous la reconnaîtrez, plus vous éloignerez de votre vie des gens qui vous tirent vers le bas. Vous deviendrez allergique à ces mauvaises énergies. Vous rechercherez des personnes qui vous apprécient tel que vous êtes.

Analysez comment vous vous sentez lorsqu'une personne vous passe des commentaires sur vos succès ou vos réussites. Votre ressenti en dira long sur les réelles intentions de l'autre.

Lorsqu'une personne tente de mettre des bâtons dans les roues de vos passions, de vos talents, elle brime votre potentiel. Observez comment l'autre vous traite dans vos choix de vie, de carrière, d'activités, etc. Ainsi, vous détecterez si l'autre vous appuie ou cherche à vous nuire.

Il a un attrait immense pour l'argent

On considère souvent le pervers narcissique comme un maniaque de l'argent. À juste titre, car au-delà de la possession et de l'humiliation de sa victime, il s'octroie largement ses revenus afin de la contrôler davantage[42].

Dans la relation de couple, le PN cherchera à mettre tout en commun dans un compte bancaire ainsi que les biens matériels. C'est une façon de contrôler davantage l'autre personne pour ainsi la rendre plus dépendante. Il réussira avec le temps à ce que sa victime ne profite plus de son propre argent.

Si les conjoints ont chacun leur compte bancaire, le PN réussira à faire sentir à l'autre personne qu'il gère mieux ses finances qu'elle ou à lui faire croire qu'il est souvent en manque d'argent. Il ira jusqu'à lui en emprunter (sans vraiment avoir l'intention de le lui remettre), même si ce dernier gagne un meilleur revenu que sa victime.

---

42 https://www.passeportsante.net/fr/Actualites/Nouvelles/Fiche.aspx?doc=pervers-narcissique-manipulateur-reconnaitre-emprise-psychologie-perversion

Au début de la relation, le PN démontre qu'il accepte les dépenses de l'autre. Dès le départ, une iniquité subtile s'installe. Le PN profitera davantage. Avec le temps, il désapprouvera ces dépenses mais les siennes seront acceptées, même si elles sont exagérées. Il sera en dissonance entre son propre comportement et ses paroles.

Subtilement, il fera sentir à sa victime que certaines dépenses sont inutiles, qu'elle est dépensière, qu'elle s'achète trop de vêtements, qu'elle va souvent au restaurant, etc. Il analyse plusieurs fois par jour les transactions sur le relevé bancaire. La victime a osé dépenser, elle aura des comptes à rendre au PN. Avec le temps, elle s'empêchera de se gâter, croyant qu'elle sera plus aimée et/ou pour éviter des discussions.

EXEMPLE INSPIRÉ

Mia est une avocate qui gagne bien sa vie, elle a toujours été indépendante financièrement. Elle fait la rencontre de David (PN), qui est propriétaire d'une boutique de sport.

Rapidement, David s'engage dans la relation et Mia, ne voyant rien, est subjuguée par ses paroles et suit son discours. David lui raconte les avantages de mettre toutes les finances en commun. Même si Mia s'était toujours fait la promesse de maintenir son indépendance financière, elle accepte d'avoir un seul compte en commun.

Au début, David accepte les dépenses de Mia. Puis, subtilement, il lui dit à la blague qu'elle dépense beaucoup pour ses achats personnels (bijoux, vêtements). David ne se gêne pas pour en rire lors de rencontres de famille et d'amis. Mia voyait également un coach pour l'aider à mieux planifier son travail. Avec le temps, David lui dit doucement à l'oreille qu'il doute de l'efficacité de son coaching. Quelque temps plus tard, Mia choisit d'abandonner son coaching, croyant que les frais reliés ne donnent pas d'effets positifs.

Un jour, Mia effectue plusieurs achats au cours de la même journée, tels que l'épicerie, des vêtements ainsi que pour une fête. Lorsqu'elle est sur le chemin du retour, David lui téléphone. Elle répond, toujours dans sa voiture. Il la questionne sur les dépenses qu'elle vient d'effectuer. Il remarque que près de 400 $ viennent d'être dépensés en deux heures. Mia se justifie et fait remarquer à David qu'elle dépense très rarement et qu'elle a fait ces dépenses au même moment.

Quelques mois plus tard, malgré son bon salaire, Mia ne dépense plus pour elle. Elle se sent coupable et malgré leurs bons revenus, elle finit par croire qu'ils arrivent juste à la fin de chaque mois. Mia ne place plus d'argent dans son REER. Son salaire est versé dans le compte commun et David gère le budget, surveille et commente chacune de ses dépenses. Pour éviter les interrogatoires, Mia choisit de se limiter.

Malgré tout, elle s'aperçoit que David dépense chaque jour dans des restaurants et achète de la nourriture hors de prix à l'épicerie. Même si Mia lui en fait la remarque, son sentiment de culpabilité reste présent à chacune de ses dépenses.

Leçons à retenir

Au début de la relation, le PN fait semblant d'accepter les dépenses de l'autre personne. Puis, peu à peu, il exerce son contrôle. Il ne se dévoile pas du jour au lendemain. Il affaiblit à chaque jour sa victime et c'est ainsi qu'il réussit à lui faire entrer ses concepts dans la tête. Dans le cas de Mia, au début, le PN blaguait sur ses achats pour que, lentement, elle trouve qu'elle dépense pour des riens et finisse par se priver. Le PN emploie différentes stratégies pour dominer. Chaque petit geste est un petit pas pour le PN, c'est ainsi qu'il prend de l'avance et amène la victime dans son piège. Il veut s'octroyer ses revenus pour ainsi dépenser à sa guise ou faire des projets en ayant un « financeur ». Par exemple, s'il se part en affaires, il sait qu'il vivra « sur le bras » de l'autre.

Soyez toujours attentif aux paroles des autres, même si elles peuvent être dites à la blague. Écoutez votre ressenti lorsqu'une autre personne vous fait des commentaires humoristiques. Le PN excelle dans l'art de passer ses messages devant les autres de cette manière. Une personne qui vous respecte prendra le temps de discuter, d'échanger plutôt que de passer fréquemment ses messages devant tous. Si vous vous sentez mal à la suite de certains commentaires d'une autre personne, peut-être qu'elle voulait vous attaquer subtilement pour mieux vous affaiblir. Évidemment, le PN niera que c'était une attaque.

La thérapie de couple et la thérapie individuelle

La victime n'en pouvant plus, elle change et se métamorphose en une personne éteinte, jusqu'au jour où elle remet en cause le PN et commence à voir plus clair dans ses mesquineries. Sentant que sa proie lui file entre les doigts, le PN proposera la thérapie de couple. D'ailleurs, c'est pratiquement dans ces seuls moments qu'un thérapeute verra un PN dans son bureau.

Dans une seconde possibilité, il y a la victime qui espère un changement, revivre cette lune de miel quotidiennement. Elle proposera alors des solutions telles que la thérapie de couple. Dans ce cas-ci, le PN refusera de façon catégorique, prétextant que lui va bien et incitera plutôt la victime à aller consulter seule. Ainsi, selon lui, ils retrouveront l'amour dans le couple.

Au début de ce livre, j'ai spécifié qu'un pervers narcissique porte différents masques. C'est pour cela que vous devez rester vigilant face à vos propres sentiments, car chaque PN utilise différentes stratégies de manipulation telles que décrites précédemment.

Dans le cas du PN qui propose la thérapie de couple, son objectif est loin d'être honnête et louable pour changer. Il désire contrôler le thérapeute pour dominer sa victime. Il croit qu'il réussira à faire passer ses messages par ce dernier. Il désire l'utiliser.

Les tactiques du PN peuvent être vouées à l'échec s'il est bien démasqué par le thérapeute. C'est alors que le PN dira de l'intervenant qu'il est incompétent, que ça ne sert à rien. Il ira jusqu'à défaire ce que le thérapeute avance pour, une fois de plus, accuser la victime et se servir de ses confidences contre elle. D'un autre côté, le PN peut réussir à contrôler le thérapeute; tout cela est une hypothèse, parfois cela fonctionne, d'autres fois non.

Lorsque le PN met de la pression sur la victime pour qu'elle aille consulter en solo un psychologue ou un thérapeute en relation d'aide, il essaie de transférer sur elle ses propres problèmes. Si celle-ci consulte, elle partagera les symptômes vécus dans cette relation, croyant fermement que c'est elle qui est le problème dans le couple. Elle croira que les reproches du PN sont réels, elle se les attribuera et demandera au thérapeute de l'aider à devenir une meilleure personne. En faisant cela, le PN augmente le sentiment de culpabilité chez l'autre. La victime croira alors dur comme fer que c'est elle qui doit guérir et non le PN. Encore une fois, il utilise cette méthode afin de se déresponsabiliser pour éviter de faire face à son propre intérieur.

À bien y penser, c'est tout même incroyable qu'un individu réussisse à convaincre l'autre personne qu'elle doit consulter pour des désordres psychologiques causés par lui. Tout cela se passe de façon subtile, la personne ignore que le PN est la cause de ses malaises.

EXEMPLE INSPIRÉ

Gerry et Anne sont en couple. Gerry se sent étouffé par Anne (PN passive-agressive). Il remarque qu'il perd son énergie à sauver son couple et il ne se reconnaît plus comme individu.

À la suite d'un conflit, Anne vient trouver Gerry et lui propose de voir un thérapeute ensemble. Elle connaît un couple qui était sur le point de se quitter et grâce à la thérapie de couple, ces gens ont passé à travers leurs difficultés. Elle amadoue Gerry et réussit à lui faire faire des démarches pour qu'il trouve le thérapeute et c'est lui qui prendra rendez-vous. Fidèle à elle-même, Anne ne prend aucune responsabilité en main et laisse la tâche à Gerry.

Une fois arrivés chez le thérapeute, Anne fera part de ses états d'âme au thérapeute. Elle jouera à la victime pour ainsi séduire le professionnel. Elle tentera de porter toutes les responsabilités sur le compte de Gerry.

Le thérapeute interroge les parties sur leur enfance pour ainsi mieux comprendre la dynamique de chacun. Une fois la thérapie terminée, Anne en profitera pour partager les confidences de Gerry à tout leur entourage. Elle a de nouvelles munitions pour ainsi démontrer que c'est Gerry qui a des difficultés.

La thérapie de couple aura servi d'arme à Anne.

EXEMPLE INSPIRÉ

Raymond est en couple avec Caroline (PN agressive). Ils ont des enfants ensemble. Cette dernière a des excès de colère jusqu'à lancer des assiettes ou des projectiles sur les murs. Raymond vit avec un stress intense chaque jour. Il devient nerveux, a peur des prochaines réactions de Caroline et perd sa confiance en lui. Elle fait tout pour provoquer les conflits, jusqu'à lui donner envie de se venger physiquement sur elle.

Elle lui disait clairement : *Vas-y frappe, la police va croire bien plus une femme victime de violence qu'un homme.* Raymond a réussi à garder son sang-froid.

Raymond est devenu de plus en plus triste à l'intérieur, a présenté des symptômes de dépression. Il a même pensé au suicide tant il se sentait pris au piège.

Il voulait la quitter, mais elle lui reprochait de briser la famille, que c'était lui le problème.

Dans cette situation, Raymond pourrait se référer à SOS violence qui pourra l'éclairer.

Leçons à retenir

Dans le premier exemple, Anne a besoin de sa bouée, comme tous les PN. Gerry voit de plus en plus clairement le piège dans lequel il se trouve. Se sentant acculé au pied du mur, Anne a besoin d'utiliser une autre personne pour contrôler Gerry. Elle choisit la thérapie, car elle espère que l'intervenant fera comprendre à Gerry que c'est lui le problème.

Le PN n'a aucune intention de travailler sur lui-même. En thérapie, il tente de convaincre qu'il est parfait et nomme vos comportements qui sont en réaction à lui. Plus il affaiblit votre estime de soi, plus vous le croyez. Si vous soupçonnez que votre conjoint.e est un PN, consultez seul.e pour vous sortir de cette emprise et fuir une fois pour toutes.

Lorsque vous ouvrez votre cœur à un PN, il utilisera vos confidences contre vous. C'est pourquoi, au début de la relation, le PN s'intéressera autant au passé et aux expériences de la victime. Il enregistre ces informations pour s'en servir ultérieurement dans ses tactiques de manipulation et de provocation.

Il est difficile de ne pas nous confier à notre partenaire de vie. Surtout que la base d'une relation solide est la communication et la franchise. Cependant, dès vos premiers contacts avec une personne (relation amoureuse, amitié, affaires), soyez plutôt silencieux sur vous et votre passé. Laissez l'autre parler et observez. Puisque le PN passe incognito et se plaint souvent de ses partenaires de vie précédent.e.s, cela devrait vous amener à être prudent dès les premiers contacts. Ainsi, ce sera vous qui deviendrez l'analyste des personnes avec qui vous souhaitez créer des liens.

Dans le cas de Raymond, il est maintenant dans une pente descendante. Ne voyant pas que la source de ses maux psychologiques provient de Caroline, il est persuadé que c'est lui qui doit consulter car, effectivement, il est devenu une personne « dérangée ». Caroline lui fait part qu'il est violent et elle le provoque à le devenir. Il ne voit pas ce jeu destructeur de Caroline. Elle fait tout pour attiser les conflits et attend une réaction agressive de Raymond. Elle ne fera aucunement mention de ses propres réactions. Elle met l'accent sur lui, sur ses réactions, sur ses états d'âme et elle le pousse à consulter.

Si vous vous sentez différent, agressif, impuissant, consultez un thérapeute et prenez le temps de bien nommer vos changements d'humeur depuis le début de la relation et d'identifier les réactions de l'autre. Entamer une thérapie sera dans l'objectif de comprendre cette emprise et que vos réactions démesurées sont un symptôme de votre relation toxique avec un PN.

Maintenant que vous connaissez davantage le PN en relation amoureuse, retenez que ce dernier se présente sous différents personnages. Une amie psychologue m'a déjà mentionné qu'il existe autant de pervers narcissiques que de types de pervers narcissiques. Le masque porté n'est jamais le même, mais les conséquences sont aussi désastreuses sur la victime.

Le PN quitte rarement, il met en pause la relation

S'il part de lui-même, dans plusieurs cas, c'est qu'il aura trouvé une autre proie

Le PN a besoin des yeux d'un autre pour se glorifier, sentir qu'il contrôle, qu'il domine, etc. Cela se passe dans le « relationnel » ; sans une autre personne, il ne pourra assouvir ses besoins pervers. L'autre n'est ni plus ni moins qu'un objet, un outil, un instrument à manipuler pour atteindre ses propres buts. Il n'a aucun intérêt à changer, c'est pour cela qu'il fait tout pour que vous changiez d'une manière qu'il idéalise. Vous quitter serait beaucoup trop difficile. Il est habitué à exiger de l'extérieur, il ne fait que continuer son *pattern*. D'ailleurs, vous remarquerez qu'un PN ne reste jamais célibataire très longtemps. Il cumule facilement les relations, l'une après l'autre. Si vous le voyez seul depuis un moment, c'est qu'il désire cacher une relation pour des raisons avantageuses ou il s'est fait quitter après quelques semaines de fréquentations, et cela serait trop difficile pour son ego d'avouer qu'il se fait constamment laisser.

Selon Jean-Pierre Bouchoux : « En manipulant l'autre et en asseyant ainsi son pouvoir, il tente de réunifier en faisant de l'autre sa chose, son prolongement. Si l'autre venait à disparaître, le pervers entrerait dans une angoisse terrible, comme si l'autre partait avec une part de lui[43]. »

Pour bien ancrer votre peur de le perdre, le PN utilisera la menace ou mettra la relation sur pause. À ce stade, le PN sent

43 *Les pervers narcissiques*, Jean-Charles Bouchoux, Éditions Eyrolles, 2015, p. 56.

qu'il n'a pas le plein contrôle comme il le voudrait sur vous. Il sait que c'est par des menaces qu'il crée de l'angoisse pour continuer d'affaiblir sa proie.

L'auteure Annabelle Boyer nomme cela le jeu du chat et de la souris: « L'emprisonneur connaît très bien le jeu du chat et de la souris. Il joue avec sa proie. Il crée un moment de bonheur et de plaisir, puis s'éloigne et l'attise, la fait languir, la torture avec son silence et son désintéressement. Quand sa proie se morfond d'ennui et qu'elle est rongée d'inquiétude face à son silence, il la relance et l'emprisonnée retombe avec avidité et soulagement dans son piège. Un chat ne devient jamais ami avec une souris. Il la mange[44]. »

EXEMPLE INSPIRÉ

Sabrina est en couple avec Nicolas (PN). Depuis plusieurs mois, Sabrina est en réaction agressive envers Nicolas. Elle vit du stress, elle est très émotive, fatiguée. Elle est devenue très sensible à ses commentaires et réagit fortement envers lui. Le vase déborde fréquemment.

Un jour, elle a prévu de rendre visite à ses parents à la campagne. Juste avant son départ, elle a réagi émotivement face à Nicolas. Ce dernier l'a prise dans ses bras et lui a dit d'aller se reposer, qu'ils se reverraient dans trois jours.

Durant les heures qui ont suivi, Sabrina n'a reçu aucune nouvelle de Nicolas. Elle lui a écrit un message texte le lendemain matin.

Toujours sans nouvelles, vers 11 h, elle reçoit un courriel de la part de Nicolas lui spécifiant qu'elle ne sera pas surprise de lire les prochaines lignes. Il ajoute qu'il n'en peut plus de

44 *Relations sous emprise,* Annabelle Boyer, Béliveau éditeur, 2015, p. 54.

la relation, de ses crises, des folies et qu'il souhaite prendre une pause d'une durée indéterminée. Il spécifie qu'il ne veut surtout pas la faire souffrir et qu'il est désolé. Il lui demande de rester chez ses parents ou de se trouver un autre endroit où rester lorsqu'elle décidera de revenir.

Sabrina ne comprend pas, elle rejoint Nicolas, lui demande des explications et surtout elle désire connaître la durée de sa pause. Nicolas sait qu'il a maintenant le contrôle et se fait un malin plaisir à la laisser dans l'incertitude en spécifiant qu'il ne sait pas combien de temps et de ne pas trop le contacter.

Leçons à retenir

Jean-Claude Bouchoux le décrit ainsi : « Il se vit comme un enfant dans un corps d'adulte. (…) Il recherche donc constamment à vérifier son pouvoir et reste porteur d'une angoisse massive d'abandon. Se vivant incomplet, il est sans cesse à la recherche d'une 'prothèse phallique', c'est-à-dire d'un objet lui permettant de soutenir l'illusion de son pouvoir sur les choses et les événements[45]. »

Nicolas faisait tout pour contrôler Sabrina, l'empêcher d'Être. Cette dernière se défendait. Le PN a senti qu'il perdait le contrôle et pour la *casser*, il a mis la relation sur pause. Ainsi, il savait qu'il provoquerait de l'angoisse chez sa victime pour ainsi mieux asseoir son pouvoir sur elle.

Croyez-vous que Nicolas ait pris ce temps pour réfléchir à la relation ?

---

45 *Les pervers narcissiques*, Jean-Charles Bouchoux, Éditions Eyrolles, 2015, p. 57-58.

VOYONS LA SUITE...

Durant les trois semaines de torture, Nicolas a très peu contacté Sabrina. Il le faisait seulement lorsqu'il savait qu'elle était avec des amies (pour bien paraître). Il la laissait languir plus souvent.

Un jour, Sabrina lui a demandé s'il avait rencontré une autre fille. La réponse de Nicolas fut la suivante: « Non, je n'ai pas rencontré une autre fille. Tu as vraiment un problème de jalousie, tu devrais régler cela, ça nuit à notre couple. »

Lorsque Nicolas a mis fin à cette pause, il a accueilli Sabrina avec des règles de couple qu'il avait pris le temps d'établir. Maintenant, il voulait que ça fonctionne ainsi, sinon, il reprendrait une pause.

~

L'intuition de Sabrina était la bonne. Après cette « fameuse » pause, elle a mis la main sur son téléphone et décidé d'y jeter un coup d'œil. Sabrina a découvert que Nicolas avait échangé des textos avec une autre fille tous les jours durant ces trois semaines. Ce dernier était en furie, il s'est fait prendre la main dans le sac. Il a accusé Sabrina d'avoir un problème de jalousie, d'être malade. Il a tenté de se défendre en avouant qu'il l'avait vue une ou deux fois et qu'il s'était même senti mal, car il savait que cela aurait dérangé Sabrina.

Sabrina a fondu en larmes, non pas par ce qu'elle a découvert, mais plutôt par les accusations de Nicolas. Il a réussi à lui faire sentir qu'elle avait mal agi.

Leçons à retenir

Souvent le PN, avant de quitter la relation, désire s'assurer qu'une prochaine l'attendra. D'un autre côté, il peut choisir de continuer la relation, car il connaît bien sa bouée de sauvetage, et décider de jouer au chat et à la souris avec elle comme bon lui semble, toujours en continuant d'attirer le regard des autres (femmes ou hommes).

Dans le cas de Sabrina, elle s'est fait mettre de côté pendant trois semaines. Comme un PN prétend n'avoir rien à se reprocher, alors pourquoi prendrait-il ce temps pour faire de l'introspection ? Il ira chercher l'attention chez une autre proie, et ce, sans aucune gêne.

Il aura de la difficulté à assumer qu'il quitte une relation. S'il le fait, il laissera l'autre très bêtement. Il ne faut pas s'attendre au respect de sa part. Il le fera par courriel ou par téléphone. Lorsque le PN doit se placer dans une position où il doit faire face à sa musique, il préfère fuir.

Pour s'en sortir, la victime devra reprendre des forces, avoir le courage de se choisir pour quitter cette relation malsaine. Ce n'est pas chose facile de se défaire d'un piège, la victime aura besoin de beaucoup de soutien pour y arriver. Il faut éviter de juger !

Si le PN vous quitte pour une autre proie, un jour vous remercierez cette dernière, car vous saurez qu'elle a permis de vous libérer de ce piège pour redevenir la VRAIE personne que vous êtes.

De l'extérieur, il peut être difficile de comprendre comment une personne peut se retrouver et rester dans une relation toxique. Les prochains paragraphes vous éclaireront sur l'emprise du PN, comment il s'y prend pour piéger sa victime et vous démontreront ce qui amène celle-ci à lui donner son pouvoir.

Pourquoi le PN fait-il autant souffrir sa victime ?

Le vampire d'énergie n'a rien à offrir.
Il se contente de prendre[46].

Le PN ne peut pas et ne veut pas reconnaître le mal qu'il cause à sa victime, la voir souffrir lui échappe, tout ce qu'il souhaite, c'est gagner et imposer. « Les vampires d'énergie se nourrissent en jouant dans les blessures de tous ceux qui les entourent[47]. »

De toute évidence, cela ne fait que creuser la souffrance chez la victime, en plus de se sentir ignorée ; le PN continuera de l'amener dans son ombre car il aura *aspiré* sa lumière. Ce qui explique pourquoi la victime devient triste face à la vie, se culpabilise ou elle utilisera à son tour des tactiques de manipulation pour se protéger. La cause exacte de sa souffrance et de son mal-être, c'est le pervers narcissique.

Souvenez-vous qu'une personne ayant un trouble de la personnalité narcissique est malade et coincée dans son ego. Incapable de reconnaître ses torts, les chances qu'elle s'en sorte sont quasiment nulles.

En revanche, le PN est un individu qui souffre intérieurement. C'est quelqu'un de très carencé affectivement où il peut y avoir des enjeux de blessure d'abandon. Il est coincé dans cette structure qu'il a eue à développer au cours de sa vie. La victime a la possibilité de se sortir de cet enfer. Pour le PN, c'est autre chose.

---

46 *Esquivez les vampires d'énergie*, Christiane Northrup, Le Dauphin Blanc, 2019, p.58.
47 *Ibid.* p. 44.

Pourquoi la victime reste-t-elle ?

De l'extérieur, il est très facile de juger et de dire : « Elle n'a qu'à s'en aller. »

La victime s'est fait coincer dans le piège sans avoir rien vu. Lorsqu'un individu vit les conséquences désastreuses de côtoyer un PN, il peut vraiment comprendre ce qui pousse la victime à s'y enfoncer.

Souvenez-vous que le pervers narcissique est une personne enjôleuse. La victime **tombe** en amour et perd peu à peu sa joie, son estime d'elle-même, son énergie vitale et développe un sentiment de dépendance. Ce que nous ignorons lorsqu'on **tombe**, c'est que nous nous faisons mal. On **tombe** en amour avec le PN, on ne s'élève pas vers l'amour.

Il sait exactement repérer les blessures de sa victime et la charmera en comblant ses « manques ». Par exemple une victime qui a reçu peu de reconnaissance porte en elle des blessures liées à ce manque. Le PN lui lancera des éloges, des compliments et lui fera sentir à quel point elle est importante pour lui. Elle tombera sous le charme et le PN saura comment s'y prendre pour la manipuler et l'amener à répondre à ses besoins à lui. Lentement, la victime ne vivra que pour lui.

Le PN désire prendre le contrôle et attacher sa victime. C'est pourquoi il voudra rapidement faire avancer la relation. Le PN l'enchaîne et voilà que la victime se retrouve prise au piège et les ravages sont déjà très avancés.

« Lorsqu'elle trouve le courage de le quitter, une femme peut revenir jusqu'à 7 fois avant de quitter pour toujours[48]. »

---

48 *Je veux vivre*, Ginette Latulippe et Nathalie Simard, La Bouée, 2019.

Pourquoi la victime s'engage-t-elle si rapidement ?

Je vous entends dire : « Tout le monde le sait qu'on doit prendre son temps avant de s'engager dans une relation. »

Vivre une relation amoureuse avec un PN, c'est là que le dicton « l'amour rend aveugle » prend tout son sens.

Le PN séduit, hypnotise et « comble » les manques de sa victime. Elle croit avoir trouvé l'Homme ou la Femme de sa vie, la personne qu'elle attendait depuis toujours. C'est ainsi que le PN gagne du terrain et réussit à influencer la victime à faire ce qu'il désire.

- Le PN veut emménager avec sa victime ? Il lui laissera choisir l'endroit.
- Le PN désire qu'ils partent en voyage ensemble ? Question de mieux se connaître…
- Le PN désire un enfant ? Il racontera à quel point sa victime sera une maman merveilleuse ou un papa merveilleux et qu'ils pourront enfin vivre comme une famille unie.

Voyez-vous, le PN a les bons arguments et ne lâche pas prise. Il veut gagner. C'est une erreur de croire que la victime dit oui à ses demandes dès la première fois. Le PN s'y prend grâce à différentes approches, il analyse… il est rusé. Il prend tout le temps qu'il faut pour parvenir à ses fins. Il veut amener la victime dans sa cage dorée et, pour cela, il lui faut un port d'attache.

La victime cède à ses demandes... les conflits débutent, l'emprise aussi. Le PN n'hésitera pas à semer le doute chez sa victime. Il détournera les circonstances, changera la réalité. Ce sera d'ailleurs le *pattern* de la relation.

Une fois le lien créé, le discours paradoxal débute.

- Ils ont emménagé ensemble... il n'aime pas l'endroit, il aurait choisi autre chose.
- Le voyage est terminé, c'est le temps d'accéder à une autre étape, celle de l'emprise en créant un autre attachement.
- Elle est maintenant enceinte... c'est un accident. Et il réussira à convaincre la victime et l'entourage que c'est bien le cas.

Le PN communique de façon paradoxale, c'est de cette façon qu'il réussit à affaiblir sa victime. Être en contact avec une personne qui dit noir un jour et blanc le lendemain fait perdre peu à peu le sens de la réalité et du discernement chez l'autre.

« La paradoxalité entraîne un blocage des actes, de la pensée, des sentiments et de la perception de la réalité. Les injonctions paradoxales empêchent une élaboration mentale correcte[49]. »

L'arme du PN est la paradoxalité. C'est ainsi qu'il réussit à projeter son angoisse, à dévaloriser et à faire douter la victime, à la rendre dépendante pour mieux l'affaiblir et la faire souffrir.

Lorsqu'elle ouvre les yeux, elle est déjà fragilisée par le bourreau. Tout cela est imperceptible, sournois et surtout bien calculé.

---

49 *Les pervers narcissiques*, Jean-Charles Bouchoux, Éditions Eyrolles, 2015, p. 37.

La victime souffre et espère que le PN changera, car l'instant d'une journée, lorsqu'elle met son pied à terre, il revient à la phase lune de miel.

Le cercle de violence bien installé, la victime ne se voit pas vivre sans son bourreau qui l'attendrit de mots doux et de promesses lorsque cette technique de la lune de miel lui est utile.

Comment s'en sortir ?

Accepter que l'autre soit un PN

La première étape, c'est accepter que votre partenaire soit un PN. Cela peut paraître évident, mais dans les faits, cette première prise de conscience est difficile car la victime était dans le déni. Il n'est pas si simple d'avouer que l'autre qui vous fait souffrir est fondamentalement en déséquilibre et que vous n'avez rien détecté.

Accepter que cela vous soit arrivé, sans vous sentir coupable et responsable, vous aidera à franchir ce pas. Le PN a réussi à introduire dans votre tête des doutes que tout était votre faute et que c'était vous le problème. Il faut d'abord que vous reconnaissiez que c'est plutôt lui qui projetait son intérieur sur vous. Pour ce faire, reconnaître une fois pour toutes que c'est un PN est nécessaire. D'abord pour vous aider à vous sortir de ses griffes et de cette peur qui fait maintenant partie de votre quotidien. Ensuite pour savoir comment fuir. Vous ne pouvez quitter une relation avec un PN comme vous le feriez avec une personne *normale*.

Si vous désirez des éclaircissements, je vous invite à contacter *SOS violence conjugale* ou à composer le 8-1-1. Ces professionnels mettront des mots sur vos ressentis et pourront répondre à toutes vos inquiétudes.

Sortir du déni est important ! Une fois que vous aurez la confirmation que votre partenaire est un PN, il se peut que vous désiriez rester en couple, malgré tout, avec lui. Ce sont les liens de dépendance qu'il a réussi à créer en vous qui nourrissent votre espoir d'un amour sain et heureux (comme dans les contes de fées). Malheureusement, les chances qu'un PN reste tel qu'il est sont très grandes. Vous devrez vous défaire de vos liens en mettant en pratique les exercices de libération que je présenterai un peu plus loin, en étant bien entouré et en croyant fermement que l'amour que vous avez envers vous-même est plus important que votre amour envers lui.

Cette étape est très difficile pour la victime qui a été affaiblie par les blessures qu'elle porte en plus de la violence infligée par le pervers narcissique. La force intérieure de la victime existe encore, elle doit avoir confiance qu'elle peut l'activer et s'en sortir.

Cependant, cela demandera un travail sur elle pour se libérer de toutes les émotions négatives, croyances et blessures causées par la relation. Au fil de sa prise de conscience, la victime réalisera que le PN a fait remonter de vieilles blessures. Il est temps pour elle de se libérer pour ainsi se transformer. Sinon, les probabilités d'attirer un autre PN sont presque certaines.

La victime ne peut s'en sortir seule. Elle retournera avec lui si elle n'est pas bien accompagnée.

Vers qui se retourner ?

SOS violence conjugale pourra vous guider, vous accompagner, et ce, par téléphone.

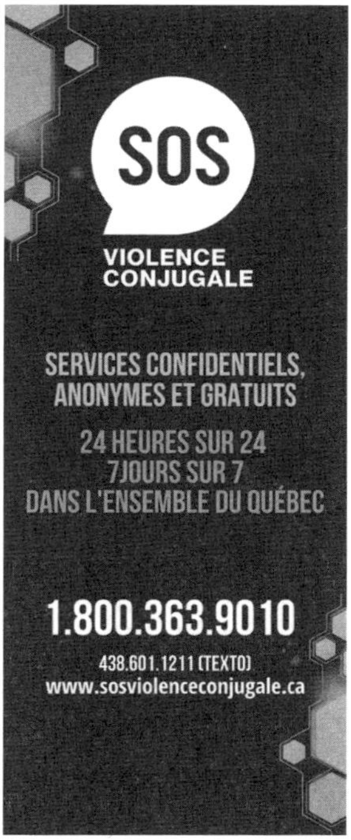

Un accompagnement par un ou une psychothérapeute serait aidant. Plusieurs œuvrent en cabinet privé et certains dans des CLSC.

Je vous propose de vous enrichir de lectures sur le sujet et sur le développement personnel. Cela vous éclairera, ouvrira votre conscience, vous aidera à comprendre le cercle infernal dans lequel vous êtes pris et vous donnera davantage de connaissances pour vous libérer. En annexe, vous retrouverez des suggestions de livres. Si d'autres lectures sur les manipulateurs ou les pervers narcissiques vous attirent, je vous encourage à les consulter. Faites confiance à votre intuition. Tout cela dans l'objectif de mieux comprendre qui est le PN et non pour développer de la haine envers lui.

La libération

En nous libérant de notre propre peur,
notre présence libère automatiquement les autres.

Nelson Mandela

Il est très important pour vous de puiser dans votre courage pour enfin vous libérer et quitter la relation. Ce processus vous amènera à vous défaire des charges émotionnelles négatives que vous portez et à diminuer votre niveau de stress. Vous aurez accès à plus de solutions et votre solidité se renforcera à chaque pas que vous franchirez.

Dans mon livre *Transformez vos épreuves en forces*[50], je suggère plusieurs astuces à mettre en pratique, aux pages 165 et 166, pour activer votre processus de libération.

- Pratiquer régulièrement les méditations qui offrent un soin énergétique. Stéphanie Renaud et Louis Yaguera sont des exemples disponibles sur YouTube.
- Pratiquer le Ho'oponopono, une méthode hawaïenne ancestrale qui signifie « corriger ce qui est erroné ». Répéter une formule simple et rapide comme « Désolé ! Pardon ! Merci ! Je t'aime ! » engage la libération des mémoires en vous et vous responsabilise davantage à modifier votre intérieur.

50 *Transformez vos épreuves en forces*, Maryse Audet, Béliveau éditeur, 2020, p. 165-166.

Je vous invite à vous procurer le livre *Ho'oponopono : le secret des guérisseurs hawaïens*[51]. Dans cet ouvrage, vous découvrirez les origines et les explications détaillées pour le mettre en pratique. Vous pouvez déjà débuter ce travail en répétant ces mots à chaque situation qui vous ébranle, vous fait réagir et vous fait perdre le contrôle de vos émotions.

- Faire appel à des séances d'hypnose.
- La technique TRISRA (Technique de Reprogrammation du Système Réticulé-Activateur) offerte en formation par Anick Lapratte. Vous pouvez y trouver toutes les informations dans son livre *Reprogrammez votre cerveau pour une vie meilleure*[52]. Cette formation est aussi disponible en ligne ou en salle dans le cadre d'un weekend : https://anicklapratte.com/
- Les séances **EFT** offertes par des spécialistes reconnus. Fondée en 1995 par Gary Craig, l'*Emotional Freedom Technique (EFT) est une* méthode de libération émotionnelle qui utilise la stimulation par tapotements de points situés sur des méridiens d'acupuncture.
- La thérapie **EMDR** (initiales de *Eye Movement Desensitization and Reprocessing)*, traduction française : « Méthode de désensibilisation et de retraitement par les mouvements oculaires. » C'est une thérapie découverte à la fin des années 80 par la psychologue américaine Francine Shapiro. Cette forme de thérapie, qui agit sur le cerveau par les mouvements oculaires, permet de débloquer

---

51 *Ho'oponopono : le secret des guérisseurs hawaïens*, Dr Luc Bodin et Maria-Elisa Hurtado-Graciet, Éditions Jouvence, mai 2011.

52 *Reprogrammez votre cerveau pour une vie meilleure*, Anick Lapratte, Béliveau éditeur, 2019.

les charges négatives liées à des traumatismes ou à des phobies qui peuvent vous empêcher d'avancer et d'être libre. Plusieurs psychothérapeutes offrent cette approche à leurs patients: https://emdrcanada.org/fr/trouvez-un-therapeute/

- La méthode Succès Infini™, créée par Mélissa Mayer en 2017. Plusieurs coachs sont formés pour identifier les obstacles intérieurs de leurs clients et offrir une transformation en libérant les blocages qui les empêchent d'avancer vers leur plein potentiel: https://melissamayer.ca/succesinfini/
- Choisir de pratiquer régulièrement du sport qui sollicite beaucoup le cardio (jogging, vélo, ski); si possible, le pratiquer dans la nature.

J'ajouterais également:

- La Kinésiologie Holistique, une approche pour libérer vos blocages dans votre inconscient qui sont responsables des cycles de répétition dans votre vie. Vous pouvez trouver un thérapeute certifié à: https://louisane.com/.
- https://portail.louisane.com/certification-kinesiologie-holistique?r_done=1

Ce qui a été énuméré plus haut devra être mis en pratique régulièrement pour apporter à la victime la force de quitter la relation. Elle doit prendre soin d'elle et se choisir (sans culpabilité), ce qui lui permettra de prendre du recul.

Ce travail demande du temps et de la rigueur. Vous pouvez vous libérer de cette relation toxique, vous en êtes capable. Le pervers narcissique est le tremplin vers votre nouvelle vie.

Grâce à cette libération, vous accéderez à plus haut, à plus grand... à la condition d'en faire le choix.

Plusieurs outils et personnes se présenteront à vous ; écoutez votre cœur, ce qui résonne en vous, c'est la meilleure option pour l'instant.

La rupture... l'épreuve et à la fois le début d'un monde nouveau

Souvent ce que tu perçois comme une période d'anéantissement est un Éveil de conscience.

Myriam Keyzer

Souvenez-vous que le PN quittera rarement sa victime. Il en a trop besoin pour déverser sa folie. Dans les cas où il la quittera, ce sera pour une autre personne déjà dans sa mire. C'est donc à vous de prendre la décision de la rupture, car vous méritez ce qu'il y a de mieux.

Vous avez été meurtri par le passage de cette personne sombre. Vous avez vécu d'espoir. Elle a soutiré une grande partie de votre lumière, diminué drastiquement votre estime de vous-même ; vous êtes peut-être même malade (dépression, système immunitaire affaibli).

Malgré tout, vous savez que maintenant ce cirque doit se terminer. Vous avez été une victime, mais vous possédez le pouvoir d'y mettre fin. Vous seul pouvez le faire. Avez-vous envie de jouer longtemps le jeu du triangle de Karpman et attendre que quelqu'un vienne vous sauver du bourreau ? La personne qui a le pouvoir d'arrêter ce jeu psychologique, c'est la victime.

Ça y est ! Vous choisissez votre amour envers vous-même. Mettre fin à une relation de couple avec un PN ne doit pas être fait comme n'importe quelle autre rupture.

Souvenez-vous que le PN est pris dans son ego, il désire avoir raison et gagner. Se faire quitter représente pour lui un échec qu'il est incapable d'accepter. Il perd sa marionnette, la personne sur qui il pouvait tout projeter. Maintenant, il se retrouvera devant son propre miroir, ce qui fera augmenter davantage son narcissisme.

S'il vous ouvre une porte afin de le quitter, sautez sur cette occasion tout en lui faisant sentir que la décision vient de lui. Faites-lui croire qu'il a raison et prenez les mesures pour le quitter. Évitez d'embarquer dans un débat d'explications ou de perdre votre temps à écouter sa version. C'est le même manège qui se répétera.

Leçons à retenir avant de mettre fin à la relation

- Contactez *SOS Violence conjugale*, ils vous guideront dans les étapes de votre départ.
- Contactez un avocat spécialisé en droit de la famille. Il mettra déjà en place des stratégies afin de commencer la préparation de votre dossier et il vous donnera des conseils judicieux.
- Débutez immédiatement un processus de libération par différentes actions. Le PN fait augmenter la charge émotionnelle négative en vous, vous devrez la libérer afin d'éviter que les émotions prennent le dessus.

- Si vous êtes une femme et avez peur de l'affronter ou pour votre propre sécurité, rendez-vous immédiatement dans un centre pour femmes victimes de violence conjugale.
- Si vous avez peur pour votre sécurité ou celle des autres (par exemple des membres de votre famille), présentez-vous dans un poste de police pour expliquer vos craintes et dirigez-vous dans un centre pour femmes victimes de violence conjugale. Vous serez prise en charge ainsi que vos enfants, si vous en avez.

Dans tous les cas, vous devrez **couper** tout contact avec le PN. Je vous suggère fortement de le bloquer sur les réseaux sociaux (Facebook), votre téléphone, vos courriels, etc. Partout où il peut vous joindre. Vous devez éliminer tous les liens, car l'emprise se poursuivra et vous risquez de retourner dans la relation ou de continuer à souffrir de sa manipulation. Plus loin, j'aborderai le sujet lorsqu'il y a présence d'enfants, car la coupure complète ne peut être envisagée.

Attendez-vous à ce que le PN essaie de vous atteindre par d'autres personnes et qu'il se plaigne de vos silences. Couper les liens, c'est l'empêcher de vous contrôler et ça, le PN le supporte très mal. C'est principalement pour cette raison que vous devrez couper également tout lien avec les personnes qui sont toujours en relation avec lui, du moins le temps de votre guérison.

Couper les liens avec les personnes qui sont encore en relation avec le PN

Souvenez-vous que le PN est enjôleur et convaincant. Vous devrez faire le deuil de vos relations qui resteront en lien (même indirect) avec lui.

D'abord, il y a de fortes probabilités que ces gens boivent les paroles du PN et mettent en doute tout ce que vous avez vécu, ce qui risque d'augmenter votre souffrance. Entretenir ces relations ne fera que ralentir votre processus de libération en plus d'empêcher ces gens de voir qui est réellement le PN. Il sait jouer la parfaite musique pour chacun. Vous continuerez de passer pour la personne qui porte tous les blâmes. Un ménage dans votre entourage s'impose.

Lâchez prise, abandonnez l'idée que ces gens vous croiront. Peut-être un jour, mais pour l'instant, ce n'est pas le bon moment. Ils auront éventuellement à entreprendre leur propre processus de libération... peut-être que non. Vous ne pouvez rien prédire.

En plus de tout ce que vous avez traversé, vous sentirez qu'on ne vous prend pas au sérieux. Maintenir un lien avec ces gens vous demandera de vous justifier et de vous défendre. Vous n'avez pas besoin de cela. Vous devez vous entourer de personnes qui vous soutiendront, vous appuieront, vous élèveront. Gardez vos énergies pour revivre !

De plus, maintenir un lien avec ces gens permettra au PN de vous atteindre encore une fois. Si vous vous confiez à eux, attention ! Ils pourraient tout raconter au PN. Il saura comment défaire votre vérité par ses propos mensongers.

L'emprise demeurera, mais cette fois-ci par l'entremise des autres. Ils seront les ventriloques du PN, eux aussi tombés dans son piège et utilisés pour vous atteindre. Vous vous retrouverez dans le même cercle, mais avec d'autres gens et ce sera toujours le PN qui sera le maître du jeu.

Vous devez vous concentrer à guérir et à accéder à la vie qui vous attend. Utilisez vos énergies pour prendre soin de vous et comprendre ce qui vous a amené dans cette relation pour ainsi vous en libérer. Il y a des apprentissages à faire à la suite du passage du PN si vous désirez en ressortir grandi et plus fort.

Le deuil amoureux

Cette étape est inévitable. Malgré les peines, la douleur, la colère, les souffrances, vous aurez à vivre le deuil de votre relation. Vous avez vécu des moments inouïs, vous avez aimé cette personne (vous l'aimez peut-être encore), vous avez traversé des étapes ensemble, mais ce que vous avez construit devra être déconstruit, vous aurez à enterrer vos souvenirs et guérir de votre peine d'amour.

Cela peut vous prendre des semaines, des mois, des années. Il est important de bien vivre cette étape en accueillant vos émotions, en restant seul afin de vous retrouver avec vous-même, en vous entourant également de gens qui pourront vous épauler et vous aider à surmonter cette douleur qui est maintenant dans votre cœur. Vous avez souffert en amour et maintenant il est temps de tourner la page. Soyez indulgent envers vous-même, le temps guérit et arrange les choses. Opter régulièrement pour les outils de libération vous sera bénéfique.

Pour le désarmer, cessez de vous battre

Le pervers narcissique n'a rien à perdre,
cessez de vous battre avec lui.

Annabelle Boyer

Votre plus belle vengeance envers un PN, c'est votre indifférence et votre bonheur. Laissez tomber la dualité, cela ne fera que mettre de l'huile sur le feu et affecter vos propres énergies. Et surtout, c'est son jeu favori.

Le PN a ouvert la porte qui a laissé sortir les démons en vous. C'est maintenant votre rôle de libérer leur passage pour accéder à un niveau de vie beaucoup plus lumineux. Plus vous guérirez des blessures du passé, plus vous laisserez entrer en vous la lumière.

Selon l'auteure Annabelle Boyer: « Arrêtez de jouer dans la même partie que lui. Un prédateur ne fonctionne que s'il a une proie intéressante avec qui il peut s'amuser. Quand un chat attrape une souris, que fait cette dernière ? Elle fait la morte. Pourquoi ? Pour qu'il se désintéresse d'elle[53]. »

Un conseil à appliquer en tout temps à la suite de votre rupture: faites le mort.

53 *Relations sous emprise*, Annabelle Boyer, Béliveau éditeur, 2015, p. 88.

Vous aurez sûrement à négocier votre séparation et tout ce que cela implique (biens matériels, enfant.s, pension alimentaire, entreprise, etc.).

Vous venez de rompre avec le PN ou il vous a quitté (pour quelqu'un d'autre) ? Dans tous les cas, il veut le pouvoir, gagner et surtout vous en laisser le moins possible. Si vous embarquez dans son jeu, vous pourriez y laisser votre peau, car le PN est rusé, astucieux, il connaît vos points faibles et, surtout, il est habile dans le conflit. Il a vécu ainsi toute sa vie, alors il a une longueur d'avance sur vous. Vous donner raison sur certains points serait vous faire gagner, alors que c'est impossible pour lui d'envisager ce scénario. Même s'il perd dix fois, ne serait-ce que pour vous faire plier à genoux une seule fois, il le fera. Durant ce processus, gardez en mémoire que votre leitmotiv est : *Sauver ma peau dans la bienveillance.*

Le PN n'a aucun discernement, évitez de croire qu'un jour il comprendra, ou qu'un avocat ou une autre personne réussira à lui faire entendre le bon sens. Le PN veut empocher, il peut même se croire au-dessus des lois.

Vous ne pourrez négocier avec le PN comme vous le feriez avec une personne saine. Vous aurez besoin d'un avocat. Si vous envisagez la médiation, soyez prudent, car le PN tentera de contourner la loi, en plus d'utiliser sa manipulation envers vous et le médiateur. Selon Isabelle Nazare-Aga : « Une procédure de séparation, de divorce par consentement mutuel ne doit en aucun cas être choisie comme une stratégie systématique[54]. »

---

54 *Les manipulateurs et l'amour,* Isabelle Nazare-Aga, les Éditions de l'Homme, 2004, p. 175.

Il désire négocier dans le but de gagner. Lorsqu'il réalisera qu'il ne peut contrôler le processus ni le médiateur, il jettera le blâme sur ce dernier et pourra bousiller le processus.

Avoir des règles claires – un « must »

C'est inévitable, vous devez avoir des règles claires entérinées par les tribunaux. Plus il y aura un cadre bien établi, plus il sera difficile pour le PN de continuer son emprise sur vous. Le jugement de la cour sera l'équivalent d'une convention collective. Autant vous devrez respecter ce qui est écrit, autant vous devrez amener le manipulateur à le respecter également. Les règles s'appliquent autant à vous qu'à lui.

Par exemple : Si, dans votre jugement, la garde débute le vendredi à 16 h et que l'ex-conjoint.e demande une exception, référez-le au jugement. Dites-lui que vous respectez ce qui est indiqué. Ainsi, vous ne répondez pas NON, vous respectez le cadre. De votre côté, ne demandez rien au PN, cela lui ferait trop plaisir de vous répondre non. De plus, vous lui donneriez des munitions.

Le choix de l'avocat est important. Tout comme nous, les avocats n'ont pas de formation dans le domaine psychiatrique pour déceler rapidement un profil de manipulateur ou un trouble de la personnalité narcissique. Cela n'enlève rien à leurs compétences. Les avocats essaient comme ils le peuvent de gérer les dossiers de séparation en présumant que les parties sont des personnes équilibrées et de bonne foi. Or, le PN essaie de passer pour la victime pour ainsi mieux vous mettre des bâtons dans les roues. Tomber dans son piège peut être coûteux en énergie et en argent.

« Il revient à l'avocat de comprendre que divorcer d'un manipulateur ou d'un pervers ne peut se faire sans problème. À lui d'anticiper et de contrecarrer ses plans à la vitesse de l'éclair[55]. »

Si votre avocat essaie de négocier avec son avocat et que vous remarquez que la facture monte plus rapidement que les solutions, cessez immédiatement ce cirque de fou. Tout ceci mènera à des discussions sans fin, et ce, à gros prix. Vous devrez vous défaire de cette attente. Un arrangement sain avec un PN est impossible, vous ne feriez que tourner en rond et augmenter vos émotions négatives, ce qui vous empêcherait de voir clair.

Selon Isabelle Nazare-Aga, voici les caractéristiques de l'avocat dont vous aurez besoin[56] :

- « il ne doit être ni doux ni conciliant ;
- « il doit savoir jouer le jeu du calcul *(être stratégique)* ;
- « il doit faire preuve d'une plus grande détermination que la vôtre. »

J'ajouterais également ces éléments fondamentaux : il vous donne des nouvelles régulièrement, il vous coache dans ce processus et il évite d'être à la dernière minute.

Autre élément fondamental : la qualité du temps de préparation et la minutie de l'avocat dans votre dossier.

55 *Les manipulateurs et l'amour*, Isabelle Nazare-Aga, les Éditions de l'Homme, 2004, p. 175.
56 *Ibid.* p. 176.

Je cite Me Suzanne H. Pringle, du bureau Pringle et associés, lors de son passage à l'émission Tout le monde en parle en mars 2020: « La réussite d'un dossier présenté à la cour dépend de 85 % de la préparation et 15 % du talent. »

Prenez le temps d'écouter ses idées et ses stratégies. Spécifiez clairement que vous ne souhaitez pas embarquer dans de longues négociations entre avocats. C'est pour cela qu'avant de faire un choix, cherchez des références pour vous aider à prendre la meilleure décision.

Un avocat vous aidera à établir des règles claires et ce que la loi vous permet d'obtenir. Évitez de faire des compromis affectifs en espérant acheter la paix avec le PN. Cependant, gardez toujours en tête ce que vous avez envie de vivre, car entrer dans un processus judiciaire avec un PN peut vous coûter très cher et surtout vous épuiser. Vous aurez à choisir vos batailles. Le bon avocat est aussi celui qui saura bien vous conseiller et non seulement vous encourager à faire un procès. Évidemment, s'il y a des enfants dans le processus, ce sera différent.

Il faudra apprendre à lâcher prise sur certains aspects, même si vous avez l'impression de perdre. Parfois, vous serez gagnant à long terme.

Leçons à retenir

- Faites le deuil d'une séparation/divorce à l'amiable.
- Faites le mort (autant que possible, surtout lorsqu'il y a des enfants).
- Évitez les négociations coûteuses entre avocats.

- Présentez devant le juge les points dictés par la loi, ce à quoi vous avez droit et qui ne vous coûtera pas plus cher en honoraires d'avocat. Par exemple, si vous pouvez récupérer la somme de 40 000 $ selon la loi et que la bataille judiciaire risque de vous en coûter 30 000 $, en plus de deux années de procès, je vous propose de ménager vos énergies.
- Faites le bon choix de votre avocat, c'est essentiel.
- Rassemblez les preuves et présentez toujours des faits.
- Respectez le jugement comme une convention collective. Ce sont les règles du jeu.
- Évitez de vous battre, lâchez prise pour préserver votre santé mentale.

La séparation avec des enfants

Cette situation est bien différente, car le lien avec le PN restera puisque vous avez des enfants en commun. Dites-vous que le PN sait que vous tenez à vos enfants et il les utilisera en sachant très bien que c'est le point qui vous atteindra directement au cœur. Plus vous ferez preuve de détachement devant lui, plus il perdra ses munitions contre vous.

Pour diminuer sa propension à vous manipuler, un jugement est essentiel, autrement vous lui donnerez trop d'espace. Les autorités policières ne pourront intervenir sans un jugement de la cour.

Le PN désire garder une emprise sur vous, ainsi il le fera par l'entremise de vos enfants. Il voudra vous atteindre et empêcher votre « renaissance ». Toutes ses stratégies ont pour objectif de vous vampiriser et de vous affaiblir encore une fois. Restez centré et ne vous laissez pas prendre dans son jeu. Vos réactions pourront lui donner raison. Libérez-vous de toutes vos colères régulièrement.

Même si le PN a un nouveau conjoint ou une nouvelle conjointe, il continuera son jeu de manipulation avec vous. Lorsqu'il se montrera gentil, il y aura souvent anguille sous roche. Un PN se fait aimable lorsqu'il a quelque chose à demander en retour ou s'il sait que vous pouvez réclamer gros dans la séparation. Respectez les limites de la loi. Ne faites aucune exception en croyant que ça le rendra plus accommodant dans le futur. Le PN n'est aucunement intéressé à une collaboration harmonieuse, il veut dicter les règles pour assurer son pouvoir sur vous et vos enfants.

Le jour où vous deviendrez totalement indifférent à lui, à ses réactions, il perdra de son pouvoir. Pour cela, un travail sur vous est nécessaire car vous devez sortir du rôle de la victime. En appliquant les techniques de libération, vous vous délivrerez de vos blessures et le PN trouvera d'autres acteurs dans sa pièce de théâtre. Soyez patient, un processus se fait par étapes.

Leçons à retenir

L'important est de vous concentrer sur vos enfants. Organisez des activités avec eux, profitez de ces moments pour transformer vos énergies négatives en énergies positives. De plus, vous investirez davantage dans votre relation avec eux. Ne donnez pas le pouvoir au PN de nuire à cette relation Lorsqu'il réussit à provoquer en vous des réactions démesurées, prenez du temps pour vous recentrer en faisant une courte méditation, des exercices de respiration ou simplement en faisant une marche à l'extérieur. L'objectif est d'éviter de ruminer ces émotions négatives et d'embarquer dans une guerre de pouvoir. Vous devrez lâcher prise sur la coparentalité.

Si son rôle de parent est différent du vôtre, vous devrez aussi lâcher prise. Le PN croit qu'il a raison et remettra tout sur vos épaules. C'est malheureux pour l'éducation des enfants, j'en conviens. Pourtant, le PN est persuadé qu'il fait tout correctement. Évitez de perdre votre temps à le raisonner, c'est peine perdue. Il a fonctionné ainsi toute sa vie. Par contre, si vous craignez ou doutez de la sécurité et de l'intégrité de vos enfants, je vous invite à faire un signalement au directeur de la protection de la jeunesse (DPJ) de votre région. Vous pourrez alors présenter vos constats et appuyer vos craintes par des faits.

Prenez l'habitude de consigner par écrit vos observations dans un cahier. Vous aurez à les utiliser dans votre dossier avec le DPJ. Si vous devez vous représenter en cour, vous pourrez remettre vos notes à votre avocat pour ainsi établir une stratégie.

Les contacts

Vous ne devrez entrer en contact avec le PN que lorsque ce sera absolument nécessaire. Chaque fois que vous aurez affaire à lui, vous lui donnerez la possibilité de vous manipuler. Il doit avoir le moins possible de renseignements à votre sujet.

Inévitablement, cela arrivera que vous ayez à communiquer avec lui. Retenez ces stratégies :

- Faites des demandes en lien avec le jugement seulement. Sinon, vous lui donnerez l'occasion de vous manipuler. Utilisez votre jugement de la Cour lorsque vous présenterez des demandes précises. Certains PN iront jusqu'à ne pas respecter le jugement, car ils se croient au-dessus de la loi. Vous devrez choisir vos batailles. Dans des situations très graves, par exemple s'il vous empêche d'accéder à vos enfants, vous pourrez contacter la police. Pour le reste, notez toutes les fois qu'il dérogera du cadre établi.
- Avant d'entrer en communication avec lui, écrivez le but et vos limites. Vous devrez y revenir souvent durant la discussion pour éviter que le PN ne vous entraîne dans une discussion sans fin.
- Communiquez par écrit : textos ou courriels. Si vous sentez que le PN tourne en rond par textos (ou que quelqu'un d'autre répond à sa place), contactez-le par téléphone. Gardez votre cahier de notes et écrivez le résumé de vos discussions.
- Utilisez des faits et encore des faits.
- Évitez les accusations.

- Évitez d'embarquer dans son jeu de discussions. S'il vous accuse, ignorez.
- Et revenez à votre objectif.
- Soyez un long fleuve tranquille, le PN ne doit sentir en aucun cas qu'il vous atteint émotionnellement.
- Utilisez les techniques de contre-manipulation décrites par Isabelle Nazare-Aga[57] :
  - faites des phrases courtes ;
  - restez dans le flou ;
  - utilisez des phrases toutes faites, les proverbes et les principes ;
  - utilisez aussi le « On » (généralités) ;
  - faites de l'humour dès que le contexte le permet ;
  - souriez, surtout en fin de phrases, si le contexte le permet ;
  - faites de l'autodérision (soyez humoristique à propos de vous-même) ;
  - restez poli ;
  - n'entrez pas dans des discussions si elles ne mènent à rien ou à la dévalorisation ;
  - évitez l'agressivité ;
  - utilisez l'ironie seulement si vous renvoyez un message et si vous êtes sûr de vous ;
  - ne vous justifiez plus.

57 *Les manipulateurs sont parmi nous*, Isabelle Nazare-Aga, les Éditions de l'Homme, 2015, p. 185 à 226.

Le contrôle de soi est nécessaire. Plus vous travaillerez sur vous et cultiverez votre bienveillance, plus vous y parviendrez naturellement avec le temps. Vous aurez développé vos propres stratégies qui seront personnalisées à vous.

Si vous maintenez votre attention sur le PN et sur ce qu'il fait, vous nourrissez votre haine. Cela pourrait vous rendre souffrant et surtout vous faire passer à côté des beaux moments de la vie. Dans mon premier livre, *Transformez vos épreuves en forces*[58], je présente sept clés pour reprendre votre pouvoir. Vous y trouverez des outils et des conseils à appliquer pour accéder à votre transformation intérieure.

Selon l'auteure Annabelle Boyer: « Une emprise vous révélera un besoin non comblé. Voyez la situation comme une opportunité d'en apprendre davantage sur vous et une occasion de poursuivre votre développement personnel. Soyez indulgent envers-vous même[59]. »

Soyez patient, un processus demande toujours du temps. Vous enlevez des couches à chaque pas que vous franchissez. Observez le chemin parcouru, ce qui vous encouragera.

Reprenez votre pouvoir intérieur, il vous appartient. Vous avez tout le potentiel de déployer vos ailes et d'accéder à vos ressources intérieures.

---

58 *Transformez vos épreuves en forces*, Maryse Audet, Béliveau éditeur, 2020.

59 *Relations sous emprise*, Annabelle Boyer, Béliveau éditeur, 2015, p. 30.

CONCLUSION - PARTIE 1

Je conclus cette première partie en vous guidant sur les réflexions qui suivent.

Un jour, ces PN auront peut-être compris que leur propre souffrance en fait souffrir plusieurs. Il est dommage d'observer que les PN ont recours aux mécanismes cités précédemment, car c'est leur propre reflet qui les fait fuir de leur souffrance.

Pour le moment, les victimes ont la possibilité d'accéder au chemin de la guérison afin d'augmenter leur solidité. Voici un conseil important à retenir : **Cessez la dualité avec le PN, concentrez-vous sur l'essentiel : votre amour de soi.**

Retenez que le PN aura été un grand enseignant d'amour de soi. Le message que le PN vous envoie : « Lorsque tu me demandais de t'aimer, je te répondais : *Aime-toi.* »

Notre pouvoir est de grandir et d'évoluer, c'est ainsi que nous accéderons à notre puissance intérieure. Sauver l'autre est exclu de notre pouvoir ! Ces PN devront eux-mêmes entamer le chemin de leur propre guérison, à la condition qu'ils en fassent le choix.

Un jour, ils prendront peut-être conscience du mal qu'ils causent aux autres. Faire souffrir autrui est un soulagement du moment qui ne fait que les maintenir dans cette douleur profonde ancrée en eux. Ce travail intérieur peut leur faire peur.

Je vous invite, si vous sentez que cela résonne en vous, à poursuivre votre lecture pour en apprendre davantage sur cet individu en déséquilibre dans le milieu des affaires. Vous apprendrez quels masques et quelles tactiques il utilise pour enrôler de futurs partenaires d'affaires, avoir une emprise puissante sur ses collègues, avoir un contrôle incroyable sur certaines personnes pour qu'elles deviennent ses marionnettes.

Deuxième partie

LE PERVERS NARCISSIQUE EN AFFAIRES

Le pervers narcissique a une grande faille narcissique, c'est son image qu'il protège… C'est donc quelqu'un d'extrêmement fragile, derrière une apparence de toute-puissance.

Jean-Charles Bouchoux

Qui est le pervers narcissique en affaires ?

Le PN est très présent dans ce milieu. Il recherche le pouvoir. Il est fréquent qu'il aspire à des postes de direction, de haut gestionnaire, de président. Nous le retrouvons aussi dans des professions d'avocat, de médecin et dans toutes ces fonctions qui ont un prestige important.

Il veut la puissance et être reconnu, il fera tout pour y accéder en utilisant bien sûr ses cartes de charme, de manipulation et de victime. Il réussira à vous faire croire à nombre d'expériences et de diplômes qu'il ne possède pas.

Il utilisera fréquemment des stratégies aiguisées pour concrétiser son désir de dominer.

Il excelle à faire pédaler les autres en « paraissant » travaillant. Il sera peut-être celui qui vous flouera en affaires, vous harcèlera psychologiquement, créera des peurs en vous et cherchera à diviser pour mieux régner. Si vous brillez trop et excellez dans votre travail, il parlera en mal de vous ou orchestrera un scénario pour vous faire mettre à la porte (en s'en lavant les mains, évidemment). Les manigances du PN passent inaperçues.

S'il est votre superviseur, attendez-vous à devoir vous programmer selon ses exigences. Il fera de vous son ventriloque pour ainsi mieux faire passer ses décisions prises par désir de « vengeance » ou ses abus de pouvoir, en plus d'être sa victime, à ses heures.

Si vous osez vous opposer, gare aux conséquences. Si vous lui résistez, il utilisera la force pour vous affaiblir et espérera pouvoir vous manipuler. Dans les deux cas, attendez-vous à vous dépersonnaliser.

En entreprise, il utilisera également des techniques pour vous endormir, car la phase « lune de miel » est aussi présente. Vous découvrirez ses différents plans pour réussir et se faire invisible.

Afin de mieux vous éclairer à le discerner, je reprendrai certains symptômes présentés dans le DSM-5 et j'en ajouterai d'autres pour apporter une meilleure compréhension.

Débutons maintenant !

Il vend du rêve

Pour parvenir à ses fins, il bernera les superviseurs et aura ses marionnettes bien choisies pour accéder au poste qu'il vise.

Lorsqu'il s'adressera à vous, il vous vantera ses projets qu'il envisage de mettre sur pied. Il aura créé un scénario parfait qui démontrera son plan bien défini. Il vous fera des promesses pour vous faire miroiter les attentes qu'il aura su créer en vous. Évidemment, lorsqu'il se fera questionner pour savoir où en est le projet, il optera pour la fuite. Vous resterez sans réponse ou ce sera la faute d'une autre personne. Lorsque vous lui parlerez directement et qu'il sentira qu'il pourrait se faire prendre en défaut, il détournera subtilement la conversation à votre insu pour vous endormir. Si vous ne restez pas centré sur votre point, vous vous ferez prendre et accepterez que ses promesses ne soient pas tenues.

Le PN crée de la dissonance cognitive chez l'autre en lui faisant croire à un avenir meilleur, grâce à lui. C'est par cette confusion qu'il réussit à garder son poste dans l'entreprise. Le PN produit peu, il fait pédaler les autres. Ses techniques de manipulation très au point peuvent vous faire croire qu'il est indispensable dans l'entreprise.

EXEMPLE INSPIRÉ

Armand (PN) travaille pour une firme d'ingénierie. Il rencontre un client avec son collègue Mathieu afin de lui présenter un projet révolutionnaire. Armand anime la rencontre, il est sous les projecteurs pour briller.

Armand parle du projet que son équipe pourra créer pour ce client. Celui-ci sera le premier à essayer le nouveau produit. Il sera partie prenante du développement de cette innovation.

Armand a tellement bien vendu ce projet qu'une chimie s'est créée. Le client est prêt à aller de l'avant.

Armand demande à Mathieu de faire des recherches afin de l'aider à trouver des stratégies de développement.

Après trois mois, Armand n'a toujours pas fait de suivi au client ni même débuté les travaux. Il se rend dans le bureau de Mathieu alors qu'il est occupé à discuter avec un autre collègue.

Tout bonnement, Armand dit à Mathieu: «Finalement, nous ne pourrons pas faire le projet révolutionnaire pour le client par manque de temps. Est-ce que tu peux le contacter pour l'en aviser?»

Mathieu, pris par surprise, se trouve devant le fait accompli et répond en bégayant: «Oui, oui.»

Leçons à retenir

Souvenez-vous de cette caractéristique tirée du DSM-5:

Le sujet a un sens grandiose de sa propre importance (par exemple il surestime ses capacités et ses réalisations, il s'attend à être reconnu comme étant supérieur sans avoir accompli quelque chose en lien avec celles-ci).

Le PN aime briller, recevoir des éloges. Il recherche l'attention. Est-ce qu'il avait vraiment l'intention de faire ce projet lorsqu'il a parlé au client? Ou a-t-il plutôt aimé la sensation de voir des yeux briller pour lui?

Pour se sortir de son incapacité, Armand a choisi d'en parler à Mathieu pendant qu'il était occupé avec une autre personne. En le déstabilisant, il savait que Mathieu ne chercherait pas à le questionner. Sa tête était ailleurs. S'il s'était énervé, Armand lui aurait fait croire qu'il a un mauvais comportement, et en plus devant témoin.

Le PN est un fin stratège, c'est ainsi qu'il réussit à vous garder près de lui. Il veut vous convaincre avec du faux pour finalement réussir à se défiler des promesses qu'il vous a faites.

Il met de la pression

Lorsque vient le temps de signer des documents d'engagement en affaires avec le PN, ce dernier vous mettra de la pression. Pourquoi ? Pour vous empêcher de réfléchir et de consulter un avocat en droit des affaires. Il sait qu'il pourrait se faire prendre à son jeu.

Le PN se sent au-dessus des lois. En paroles, il vend un projet en apparence lumineux et attrayant. Il est votre sauveur. Dans les faits, le PN sait que votre engagement vous liera à lui. Une fois les documents signés, les promesses ne seront plus que du vent et il sera trop tard pour vous.

Annabelle Boyer précise : « L'emprisonneur moyennement expérimenté use de la pression du temps. Il vous donnera donc une date butoir pour prendre votre décision et, dépassé cet ultimatum, il offrira l'opportunité à quelqu'un d'autre (...) il vous donne l'impression que la terre va s'arrêter de tourner, que vous allez rater l'occasion de votre vie[60]. »

EXEMPLE INSPIRÉ

Albert a une entreprise dans le domaine du commerce de détail. Il approche l'âge de la retraite mais ne se sent pas encore prêt.

Un jour, son compétiteur (PN) l'appelle pour une rencontre lors d'un souper et discuter d'opportunités intéressantes.

Albert accepte et se rend à ce rendez-vous. Son compétiteur est présent avec ses deux autres associés.

60 *Relations sous emprise*, Annabelle Boyer, Béliveau éditeur, 2015, p. 67.

Au début de la soirée, l'ambiance est détendue et tous sont courtois envers Albert.

Un peu plus tard, l'un d'entre eux lui propose de l'acheter. Il présente un contrat d'achat. Il lui explique que c'est l'opportunité rêvée pour lui de vendre, que s'il ne le fait pas, ce sera une erreur car ils vont le dépasser dans le marché et son entreprise ne vaudra plus rien.

Plus le temps avance, plus le PN se veut insistant et met de la pression.

Albert perd ses repères. Ses idées sont confuses, il ne sait plus quoi penser.

Il décide d'aller à la salle des toilettes et de contacter un ami en cachette. Son ami reconnaît sa détresse dans sa voix. Il lui dit : « Dépêche-toi de sortir du restaurant, trouve une raison et sors au plus vite ! »

Albert suit les conseils de son ami.

Le lendemain matin, il regarde le contrat proposé. La valeur estimée de son commerce était bien en deçà de sa valeur réelle. Albert aurait perdu de grosses sommes d'argent.

EXEMPLE INSPIRÉ

Henri se fait approcher par deux actionnaires d'une société du même domaine que lui, en aménagement paysager. L'un des actionnaires, Jean (PN), mentionne à Henri que leur entreprise prend énormément d'expansion. Il désire recruter des entrepreneurs comme lui, faire des acquisitions et devenir l'un des plus gros dans leur domaine au Québec.

Henri, ne sachant pas trop quoi en penser, mentionne à Jean qu'il va réfléchir. Jean argumente à quel point il pourra rester autonome dans ses projets. Il ajoute que c'est le temps maintenant d'embarquer avec eux avant que l'entreprise ne prenne une grande croissance et que la valeur devienne beaucoup plus élevée.

Leçons à retenir

Souvenez-vous de cette caractéristique tirée du DSM-5:

Il exploite l'autre dans les relations interpersonnelles: il utilise autrui pour parvenir à ses propres fins (mensonges, chantage, violence verbale, etc.).

Dans le premier cas, le PN sait quel type de contrat il veut faire signer. Il n'aura pas consulté d'avocat ni de comptable. Il vous présentera un contrat en apparence légal pour vous mettre en confiance et il vous dira que c'est la chance de votre vie. En plus, il vous fera sentir que vous pourrez devenir prospère et important en étant avec lui dans la même société. ILLUSION!

Selon Alain Samson: «... les arnaqueurs sont des séducteurs de haut niveau, bien articulés et si bien faits qu'il ne vous viendrait même pas à l'idée qu'il en passe un dans votre région. En conséquence, vous êtes à l'abri[61].»

Dans le deuxième cas, la stratégie du PN a été l'agressivité pour créer la peur chez l'autre. La peur vous rend plus vulnérable et le PN excellera pour faire monter ce sentiment en vous. C'est le mode de fonctionnement de son emprise.

---

61 *ABC de la manipulation*, Alain Samson, Béliveau éditeur, 2019, p. 46.

En rencontre d'affaires, si vous ressentez que l'on vous met de la pression inutilement sans prendre le temps de vous écouter et de vous respecter, c'est souvent un signe d'imposture. Un bon vendeur saura vous donner un ultimatum raisonnable et vous constaterez ainsi une compréhension de sa part.

Si vous ressentez un sentiment de peur, que l'on vous met de la pression à signer quelque chose, c'est aussi un autre signe d'imposture. La peur est un sentiment dont vous devez être à l'écoute.

Le même cas s'applique avec un fournisseur : si ce dernier *coupe* ses services sans préavis en prétendant que vous êtes en retard dans vos paiements ou que vous refusez de signer immédiatement un contrat transmis à peine quelques jours avant, ce peut être le signe d'un individu qui est assoiffé de pouvoir. Il sait qu'il peut vous faire perdre des revenus, alors il utilise cette stratégie : créer la peur du manque d'argent pour ainsi mieux obtenir ce qu'il exige de vous.

Si vous répondez à cette peur, le PN sait maintenant sur quel bouton presser lorsqu'il voudra obtenir quelque chose de vous. Ne laissez jamais un individu vous faire sentir qu'il est supérieur à vous. Regardez et évaluez les autres options, personne n'est indispensable.

Gravir les échelons, faire des acquisitions – augmenter son pouvoir

Si le PN est le dirigeant principal, il cherchera à faire des acquisitions pour être à la tête d'un empire qu'il aura créé au détriment des autres. Même s'il n'a pas de plan précis ou les moyens financiers, il en rêvera et vivra dans cette illusion. Souvenez-vous que le PN est constamment influencé par les désirs de son ego, il se sent rarement rassasié.

S'il travaille dans votre entreprise, il cherchera le pouvoir en rabaissant, sans en avoir l'air, les autres et en vantant ses « exploits ». Si un poste n'est pas accessible, il vous proposera d'en créer un sur mesure pour lui. Souvenez-vous de ce dicton : « La fin justifie les moyens. » Soit il restera et usera d'une panoplie de stratégies pour y parvenir, soit il quittera.

S'il est au service à la clientèle, il fera tout pour plaire aux clients. Encore une fois, il cherchera à séduire, à manipuler les clients pour arriver à ses fins, soit pour obtenir le pouvoir, la reconnaissance, le succès, l'argent, etc. Il réussira dans certains cas à complètement endormir le client ; ce dernier sera totalement sous son emprise et croira qu'il est le sauveur dans l'organisation.

Leçons à retenir

Souvenez-vous de la caractéristique suivante tirée du DSM-5 :

Il est absorbé par des fantasmes de succès illimité, de pouvoir, de splendeur, de beauté, de perfection ou d'amour idéal.

Un PN à la tête d'une entreprise veut régner. La gloire et la capacité de changer les choses l'attirent, car il sait qu'il pourra dicter comment les choses doivent se passer sans remettre en cause son comportement. Je cite Alain Samson : « Il (le pouvoir) vous permet de modifier les cadres légaux et réglementaires de façon à faire primer vos idées et votre conception personnelle du bien[62]. »

Si une personne s'intéresse à votre entreprise, ayez toujours recours à un avocat en droit des affaires avant de signer quoi que ce soit. Vendre ou joindre les rangs d'une entreprise ne se fait pas sur le coin d'une table au restaurant. Il existe des professionnels qui sont là pour vous guider et vous empêcher de vous faire arnaquer.

Les informations cachées

Si vous vous concentrez sur le fond du message, vous vous rendrez compte que c'est vide de sens. Il a simplement réussi à vous endormir en détournant la discussion, en insérant des mensonges sans en avoir l'air et en vous émettant des commentaires positifs pendant la discussion pour mieux vous amadouer. C'est la façon dont il applique ses stratégies qui vous fait croire qu'il excelle dans son domaine.

Selon Isabelle Nazare-Aga : « Nous devinons ce qu'il veut dire, soit parce que l'aspect non verbal nous indique la teneur de son message, soit parce qu'à force de le côtoyer, nous percevons un deuxième discours se situant derrière le premier[63]. »

---

62 *Ibid.* p. 110.

63 *Les manipulateurs sont parmi nous*, Isabelle Nazare-Aga, les Éditions de l'Homme, 2015, p. 97.

Ses demandes sont floues. Il joue avec les mots, il dénature les choses. C'est ainsi qu'il ne se met pas à risque, mais vous met à risque. Lorsqu'une demande est vague, il est normal que vous ayez de la difficulté à répondre à ses exigences. Vous faire des reproches devient facile à ce moment-là, ce qui fait augmenter votre sentiment de culpabilité et diminuer votre estime de vous-même.

Résultat : vous doublez d'ardeur au travail pour qu'il vous reconnaisse davantage. Vous devenez perfectionniste et vous vous programmez à lui. Vous faites et dites des choses qui ne vous ressemblent pas. C'est ainsi que le piège s'installe.

Si votre superviseur, associé ou collègue est un PN, attendez-vous à travailler durement pour combler ses failles. Si le projet ne fonctionne pas, vous risquez d'être le coupable. Le PN aura même des éléments à partager aux autres pour souligner votre incompétence. Si vous y songez un instant, est-ce normal de ne pas répondre exactement à une demande si les informations sont incomplètes ? Est-ce normal que vous ressentiez un stress de performance constant ? Est-ce normal que le PN produise moins que vous sans que rien ne paraisse ?

Vous êtes concentré à répondre à ses demandes floues. Vous avez peur de ne pas être à la hauteur ou même de vous faire congédier. Alors c'est normal que vous ne voyiez pas ses manques à lui.

Le PN n'a aucun intérêt à vous tenir informé en détail de ce sur quoi il travaille exactement ni à échanger les informations utiles au bon fonctionnement d'une équipe. Il maintient le secret pour les raisons suivantes :

- garder le contrôle sur ce qui se passe, ce qui lui permet de mettre à exécution son plan pour vous faire croire qu'il est meilleur et supérieur à vous;
- vous empêcher de poser des questions qui pourraient le coincer;
- ne vous partager que le positif pour mieux vous berner en vous faisant rêver;
- vous empêcher de consulter un autre professionnel pour valider ce qu'il vous présente;
- vous faire croire qu'il travaille réellement; si vous avez accès à des faits, vous aurez alors des preuves contre lui;
- mieux vous accuser de ses erreurs pour se défiler.

Vous pourriez, par moments, avoir l'impression qu'il divulgue des informations. Si vous creusez et cherchez à comprendre, vous verrez que le PN vous mentira d'une fois à l'autre; il détournera la conversation et vous amènera sur un autre sujet. Il jouera souvent à la victime. Si vous n'êtes pas assez vigilant, vous le suivrez dans son discours et boirez ses paroles.

EXEMPLE INSPIRÉ

Mireille est actionnaire minoritaire dans une usine de production de savon. Depuis son arrivée dans l'organisation, elle n'a jamais reçu les états financiers, les bilans. Les seules informations qu'elle reçoit sont sur les objectifs financiers non atteints de son équipe. Lorsque tout va bien, elle n'a aucun *feedback*.

Après quelque temps, Mireille décide de demander les bilans et les états financiers aux actionnaires principaux.

L'un d'eux répète sans cesse qu'il n'a pas le temps de les lui remettre. Lorsqu'il aura terminé un gros projet sur lequel il travaille, il les lui transmettra.

Après quelques semaines à se faire répéter la même chanson, Mireille prend des renseignements auprès d'un comptable.

Ce dernier l'informe que fournir des états financiers déjà produits ne prend que quelques minutes.

Elle lui fait part de cette information et se fait reprocher de ne pas lui faire confiance.

Étrangement, l'actionnaire ne lui envoie qu'une partie des éléments demandés ; elle ne reçoit que les ventes et les pertes de son département.

Pourtant, Mireille est actionnaire pour l'ensemble de l'entreprise, même si elle est minoritaire.

C'est de cette façon que le PN peut réussir à s'en sortir devant les tribunaux. Si l'avocat ne le ramène pas sur le sujet central, il s'égarera. Il ne se gênera pas pour ajouter des éloges à votre endroit au passage. Beaucoup risquent de tomber sous le charme s'ils ne savent pas à qui ils ont affaire.

Leçons à retenir

Souvenez-vous de cette caractéristique tirée du DSM-5 :

Il cache des informations aux autres pour parvenir à ses fins.

Dans le cas de Mireille, même si cette dernière a été claire dans sa demande, le PN savait qu'elle aurait accès à des faits et qu'elle pourrait demander l'avis d'un professionnel afin de chercher à comprendre. Le PN a avantage à vous maintenir en position d'ignorance. C'est ainsi qu'il réussit à vous faire croire ce qu'il veut. Il se place en position de compétence et émet un discours logique.

Selon Annabelle Boyer: «Quelle soit affective, financière, relationnelle ou énergétique, la vulnérabilité non avouée nuit parce qu'elle ne permet pas de vous doter des outils de protection et de ressourcement nécessaires à votre état actuel[64].»

En affaires, peu importe la personne avec qui vous travaillez, posez des questions et ayez en main des faits et tous les documents servant au bon fonctionnement de l'entreprise. Si, fréquemment, la personne détourne la conversation et ne répond pas à vos demandes, vous laisse dans le néant, il y a matière à réflexion de votre part.

Un individu de bonne foi fera montre de transparence autant que possible, participera avec vous à votre succès et vous formerez un duo basé sur l'échange et non sur la supériorité de l'autre.

64 *Relations sous emprise*, Annabelle Boyer, Béliveau éditeur, 2015, p. 162.

Le discours qui, en apparence, fait du sens

Rationnaliser, c'est trouver une raison logique qui explique et justifie notre comportement, quel qu'il soit.

Alain Samson

Plus le PN est intelligent, plus il réussit à vous endormir par son discours. Plus il rationnalise son discours, plus il diminue son sentiment de culpabilité et plus il devient convaincant. Le PN aura souvent la phrase parfaitement placée pour justifier un mauvais geste. Il aura réussi à vous faire croire que c'est vous ou quelqu'un d'autre le coupable.

Le PN se crée une histoire et il finit par y croire comme si elle était réelle. Il protège son image, se déresponsabilise et réussit à vous faire croire qu'il possède la vérité en utilisant de fausses croyances.

C'est vous qui comprenez mal ou ce sont les autres qui disent des faussetés. Lui, à ses yeux, il est blanc comme neige.

Dans de rares occasions, le PN vous présentera des excuses. S'il avoue ses torts, attention, ce peut être du *bluff*. Si vous écoutez bien, il aura souvent une raison qui explique bien cette désolation. Peut-être est-ce une autre personne qui l'a mis dans cet état ? Tout cela fait partie de sa stratégie, il veut probablement vous dire ce que vous désirez entendre, il veut vous attendrir. S'il vous offre un cadeau, soyez bien sur vos gardes, cela peut camoufler une stratégie de manipulation.

En affaires, il utilisera sa position pour abuser de son pouvoir et vous abreuver de ses paroles pour vous duper.

Étant donné sa position, vous aurez plus de chances de le croire !

Alain Samson présente trois outils de manipulation pour faire ce qu'il nomme de la rationalisation interne[65].

La dépersonnalisation : prendre l'autre pour un objet. Partager des informations malveillantes à propos des collègues qui sont fausses. Le PN le sait, mais il dépersonnalise l'individu.

EXEMPLE INSPIRÉ

Madeleine (PN) est présidente d'une PME. Elle ne se gêne pas pour dire à tous ses collègues à quel point son adjointe fait des erreurs. Elle ne fait que partager ce qu'elle ne réussit pas à accomplir. Les bons coups, elle se les approprie le plus souvent. Elle réussit à convaincre les autres qu'en effet, son adjointe est incapable de produire comme il se doit et ceux-ci la traitent de la même façon. Ils deviennent convaincus qu'elle fait des erreurs et deviennent prudents à son égard.

Pourtant, si l'adjointe de Madeleine est à ce point incompétente, pourquoi ne lui offre-t-elle pas de l'aide, de la formation ou ne la remercie-t-elle pas de ses services ?

C'est aussi une façon pour Madeleine de diviser pour mieux régner.

La présomption de supériorité : les intérêts personnels du PN sont sa priorité même s'il nuit à l'entreprise, aux autres, aux projets. C'est LUI et son « bien-être ». Il le fait sans culpabilité car il est convaincu qu'il y a droit. Souvenez-vous qu'il est habité par ce sentiment de supériorité face à tous. Il ne ressent

65 *L'ABC de la manipulation*, Alain Samson, Béliveau Éditeur, p. 58.

aucun problème à berner les autres, à être peu productif et à les exploiter.

EXEMPLE INSPIRÉ

Benjamin (PN) est adepte de golf. Il ne se gêne pas pour prendre tous ses vendredis de congé pendant la saison pour ainsi profiter de son activité favorite. Il a souvent une bonne raison d'ailleurs qui justifie ses absences. *Il en a besoin*. Même si des projets ont des échéanciers importants, il délaisse la responsabilité à son équipe.

Il arrive souvent qu'il prenne plusieurs semaines de vacances consécutives en mentionnant à son équipe qu'il est vraiment fatigué (victime) et pour revenir en meilleure forme, il doit prendre une pause du travail.

Benjamin est le seul à s'offrir ces privilèges. Si ses employés ne répondent pas aux exigences et aux objectifs, il ne se gênera pour leur faire sentir qu'ils ne sont pas productifs et même jusqu'à critiquer leurs absences.

Personne ne soupçonne que Benjamin priorise ses propres intérêts au détriment des autres et de l'entreprise. Il réussit à passer inaperçu en reprochant aux autres ce qu'il fait lui-même.

Le PN excelle dans le transfert. Ce qu'il reproche aux autres n'est en fait que le reflet de son intérieur.

La justification aveugle: c'est une méthode pour justifier tous ses gestes. Le PN se défendra, alors que si vous êtes attentif à son discours, il n'a aucun lien direct avec la situation.

EXEMPLE INSPIRÉ

Louise (PN) devait continuer le travail de Ghislain pendant ses vacances. Or, à son retour, Ghislain se retrouve avec des rapports à produire dont les échéanciers sont prévus dans deux jours.

Il questionne Louise sur ce qu'elle a fait et pourquoi il se retrouve avec tout cela sur les bras. Il peut y avoir des conséquences importantes de remettre les travaux en retard. Ghislain sait qu'il devra mettre les bouchées doubles pour rattraper le travail à accomplir.

Louise lui répond plutôt sur les projets qu'elle a avancés et elle mentionne même à Ghislain qu'il devrait être content. Elle a réussi à faire quelques tâches en plus des siennes. Pour le reste, ce sont ses combats, pas les siens.

Leçons à retenir

Souvenez-vous que selon le DSM-5 :

Il pense que tout lui est dû : il s'attend sans raison à bénéficier d'un traitement particulièrement favorable et à ce que ses désirs soient automatiquement satisfaits.

En entreprise, le PN n'agira que pour ses propres intérêts, même s'il vous dit le contraire. Ses paroles sont une chose et ses comportements démontrent tout le contraire.

Il réussit à faire croire qu'il collabore normalement en entreprise et à se rendre indispensable.

Vous pouvez avoir des pistes en observant que :

- il dénigre les autres sans en avoir l'air ;
- il se justifie pour des raisons en apparence logiques lorsqu'il priorise ses intérêts ;

- si un collègue ne produit pas selon ses standards, il se cachera derrière celui-ci pour camoufler sa non-performance. Il mettra l'attention sur son collègue, et ce, devant tout le monde ;
- il sème des doutes en vous pour justifier ses propres erreurs ;
- il utilise autrui pour faire passer des décisions qui pourraient être contestées ou pour se venger d'une personne. Il évite de se mettre à risque.

Vous devez être prudent afin d'éviter de croire que tous peuvent être un pervers narcissique. Nous le reconnaissons car, pour lui, manipuler est un mode de vie, en plus de faire souffrir les autres au passage, à ses heures. Il y a une différence entre opter pour ces stratégies de temps à autre et les utiliser très fréquemment. L'intérêt principal pour un PN, c'est sa personne.

Adieu à une communication « normale »

Le manipulateur ne communique pas de façon claire et directe ses besoins, ses demandes, ses sentiments ou ses opinions[66].

Isabelle Nazare-Aga

Vous ne pouvez communiquer normalement avec un PN comme vous le feriez avec d'autres personnes. Vous devez créer un mur imaginaire entre lui et vous pour éviter qu'il

66 *Les manipulateurs sont parmi nous*, Isabelle Nazare-Aga, les Éditions de l'Homme, 2015, p. 97

entre dans vos énergies. Vous devez demeurer sans émotion et être toujours sur vos gardes. Vous débutez dans ce processus mais, lui, il a largement plus d'expérience que vous.

Le PN parle, parle et reparle pour créer de la confusion dans votre tête. Ses arguments, en apparence logiques, vous éloignent du sujet central ; c'est ainsi qu'il réussit à vous manipuler et à vous faire croire qu'il a raison. Il n'est pas possible d'avoir une communication saine avec lui. Puisqu'il aspire à avoir raison et qu'il n'éprouve aucune empathie envers vous, il est incapable de manifester une écoute bienveillante dans les échanges, sauf pour ses propres intérêts.

Vous finissez par éprouver de la fatigue et n'avez plus d'arguments, vous abdiquez plus facilement. Avec le temps, vous vous taisez et encaissez ses demandes démesurées. Vous restez pris dans son piège et devenez sa marionnette. Les conséquences peuvent être désastreuses pour votre intégrité, votre estime de soi, vos réalisations, etc. Il communique dans le seul but de vous « faire comprendre » ce que lui s'attend de vous. La collaboration est impossible. Il a souvent recours au mensonge pour faire passer ses idées.

La projection

Le PN parlera souvent en mal des autres, il les critiquera sans en avoir l'air. C'est l'une des premières pistes. Au travail, il dénigrera en lançant des petites pointes subtiles sur les autres. Avec le temps, il réussira à faire douter les gens de l'équipe et à créer une division entre eux.

Dans vos discussions, il aura recours à l'identification projective : « Elle a pour fonction d'expulser les mauvais objets, les mauvaises images de soi ou de l'objet que la personne ne peut intérioriser, et de les faire porter à l'autre[67]. »

La fuite

La stratégie du PN pour ne pas se dévoiler est la fuite dans les discussions. S'il se sent coincé, il détournera la conversation et pourra changer de sujet subtilement. Vous devez être très vigilant et revenir sur le sujet central. Si vous sentez que les explications sont floues, demandez des précisions. Ne soyez pas surpris qu'il tente de répondre en détournant ou en mentionnant : « C'est évident. » Cette stratégie est pour vous faire douter de vos compétences, de vos capacités. Reformulez votre question ou demandez de préciser : « Qu'est-ce qui est évident ? »

Une discussion avec le PN requiert beaucoup de patience et de discernement, car vous devez constamment creuser et le ramener. Lorsqu'il s'égare, vous formulez : « Revenons sur notre sujet. » Vous lui demandez des éclaircissements et vous évitez d'argumenter. Sinon, il vous prendra au piège.

Si vous êtes en groupe, procédez de la même façon. Nommez, sous forme de questions, ses comportements de manipulation que vous observerez. Il est important que vous demeuriez en maîtrise de vos émotions. En l'interrogeant, cela vous permettra de rester sur un terrain neutre. Par exemple : *Est-ce que tu essaies de fuir ma question ?* Ainsi, cela pourrait mettre la puce à l'oreille à vos collègues.

Ne soyez pas surpris de le déstabiliser en utilisant ces techniques car le PN déteste se commettre.

---

67 *Les pervers narcissiques*, Jean-Charles Bouchoux, Éditions Eyrolles, 2015, p. 180.

Dans vos échanges, je vous recommande de parler en utilisant le pronom *On*. Cela établit un terrain plus neutre.

Si vous dites *Je*, vous lui donnez des munitions. Les confidences sont à proscrire avec un pervers narcissique. Il ciblera vos désirs et les utilisera pour vous mettre des bâtons dans les roues.

Avec le *Tu*, il se sent aussitôt attaqué et prépare déjà ses répliques pour vous démontrer que vous avez tort et que lui a raison.

Les stratégies lors de vos rencontres

Ayez toujours en main un cahier de route dans lequel vous prendrez des notes.

Mettez au clair le but de la rencontre avec lui. Lorsqu'il s'égarera du sujet, vous pourrez lui rappeler le but que vous aurez déterminé ensemble. Écrivez vos échanges et demandez de préciser ce qu'il avance.

Cette stratégie est pour vous protéger de sa manipulation, lui démontrer que vous mettez des limites et qu'il sera difficile pour lui de vous déjouer, car vous vous armez de preuves.

Il est patient ! Il continuera d'user de stratégies pour vous attendrir, pour vous amener doucement à laisser tomber les moyens que vous utiliserez. Souvenez-vous qu'il vous analyse constamment.

Persévérez ! S'il s'enflamme devant vous, demeurez un long fleuve tranquille.

Les astuces

- Avant votre rencontre, ancrez-vous ; déterminez l'objectif et les points à discuter.
- Ayez en main un cahier pour prendre des notes.
- Éclaircissez l'objectif de la rencontre, prenez-le en note.
- Validez votre compréhension de ce qu'il avance : « Donc, le projet sera terminé jeudi, c'est bien cela qu'on a entendu tous les deux. »
- Revenez sur le sujet dès qu'il s'égare. Coupez-lui la parole s'il le faut en disant : « Revenons sur notre sujet, ce n'est pas de cela qu'on parle. »
- Évitez les discussions sans fin, vous embarquez dans son jeu.
- Utilisez le *On* ou des faits précis.
- Demeurez un long fleuve tranquille.

EXEMPLE INSPIRÉ

François a maintenant de sérieux doutes que sa patronne Maria est une PN. Ils ont une rencontre : lui, Maria et un collègue, Guy.

Il se présente à la rencontre avec un cahier et un crayon à la main. En débutant la rencontre, il clarifie quel en est le but. Il note ce que son collègue avance. François répète ce qu'il a écrit en précisant : « C'est bien cela ? »

Il reste calme. Maria lui fait la remarque qu'il est différent. Elle essaie de l'attendrir et de manipuler Guy pour qu'il dise comme elle.

François ne répond pas à ce qu'elle avance et mentionne: «Pouvons-nous revenir au but de la rencontre?»

Cela n'a pris que quelques minutes pour déstabiliser Maria. Sentant qu'elle n'avait plus de contrôle, elle a perdu patience.

Leçons à retenir

Souvenez-vous que selon le DSM-5:

Il manque d'empathie: il n'est pas disposé à reconnaître ou à partager les sentiments et les besoins d'autrui.

Le PN n'est nullement préoccupé par vous ni par vos besoins. C'est pour cela que, lorsqu'il vous parle sans arrêt, il tente de vous étourdir pour parvenir à ses fins. Il éteint votre potentiel et fait tout pour vous mettre à sa main. Tu obéis ou tu es puni.

Il fait preuve d'attitudes et de comportements arrogants et hautains.

Dans ses communications, il vous fera fréquemment sentir qu'il est supérieur et meilleur que vous. Ceci a pour objectif de créer des doutes en vous pour que vous vous référiez davantage à son «savoir» et deveniez de plus en plus dépendant de lui.

Il s'énerve facilement quand on ne répond pas à ses désirs ou à ses besoins.

Lorsqu'il sent qu'il perd le contrôle et que ses désirs (même les plus démesurés) ne seront pas satisfaits, il perd patience. Il pourra jusqu'à lancer des objets. Vous serez témoin de ce côté de lui lorsque vous oserez maintenir votre position et lui dire NON.

Observez comment vous vous sentez au contact des personnes qui vous entourent. Si vous avez l'impression qu'avec l'une d'elles c'est souvent compliqué, que vous devez vous justifier, marcher sur des œufs et que vous vous sentez angoissé ou apeuré avant d'entamer une discussion avec elle, ce sont des éléments révélateurs que vous êtes possiblement sous l'emprise d'un PN.

Si cette personne est votre principal sujet de conversation, qu'elle vous met hors de vous, c'est aussi un signal à considérer.

Être en relation d'affaires avec un PN est épuisant, car il ramène tout à lui en n'ayant aucune considération pour vous. Même si votre travail est remarquable, ne vous attendez pas à de la reconnaissance de sa part. Lorsqu'il démontre de la gratitude à votre égard, c'est stratégique, car vous rapportez des gains intéressants pour lui.

Le PN et l'affirmation de soi

L'affirmation de soi ne se résume pas uniquement à affirmer avec conviction ce que nous pensons. Une personne qui présente une haute affirmation de soi prendra la pleine responsabilité de ce qu'elle avance, elle fera preuve de courage pour parler de ses besoins, de ce qu'elle désire et osera faire des demandes précises, au risque de déplaire. Le tout avec bienveillance. Le PN ressent de la difficulté à s'affirmer, car cela l'engage à prendre position, ce qui est sa phobie.

Il ne prend pas le risque de se tromper ou de mal paraître. Son image est tellement importante qu'il utilisera l'autre pour que ce dernier prenne le risque de mal paraître. Le tout de façon très subtile. Il s'organisera pour que ce soit une autre personne que lui qui décidera. Il prendra bien son temps, fera faire des recherches par les autres. Bref, il se mouillera le moins possible. Donc, si la décision qui a été prise est mauvaise, ce sera la faute de l'autre; si la décision est bonne, il se sera mouillé juste assez pour récolter les applaudissements.

Il aura bien choisi ses ventriloques dans l'organisation pour faire passer ses idées lorsqu'il ne pourra briller ou pour mettre en action ses «vengeances». Vous pourrez avoir le sentiment que les autres parlent exactement comme lui tellement ils sont sous son emprise.

Ce sera à ces personnes, qui sont devenues des marionnettes, de faire leur propre cheminement de libération. Même si vous tentez de les raisonner, c'est peine perdue. L'emprise est tellement forte, de même que le lien de dépendance, qu'elles sont endormies. Cependant, prenez le temps de les écouter si elles se confient à vous. Vous développerez ainsi un lien de confiance et, progressivement, vous pourrez les guider à se protéger du PN. Évitez de vouloir les sauver, elles ont, elles aussi, à faire leurs apprentissages.

S'opposer au pervers narcissique

Incapable de recevoir une critique, lorsqu'une personne se placera sur son chemin, le PN protestera de surcroît. Il déteste qu'une personne ose le confronter.

Une entreprise qui désire évoluer doit cocréer et discuter des possibilités d'avancement avec tout le groupe. Le PN refuse ce modèle, il recherche le prestige et c'est son idée, rien d'autre.

De plus, il idéalise les relations. Vous devez vous comporter selon ses volontés. Soyez parfait, autrement vous le décevrez. « Sois beau ou belle et tais-toi. » La même règle s'applique dans ses relations au travail. Inconsciemment, son mode de fonctionnement au travail est : *Soyez parfaits et à mon image, produisez comme je le désire, faites-moi briller et surtout ne remettez pas en question mes idées et mes opinions. Sinon, une réprimande vous attend. Ainsi vous comprendrez.*

C'est de la sorte qu'il tente de vous faire entrer dans son moule pour ensuite mieux vous manipuler Or, vos pensées, vos actions, vos décisions sont à son image. Les gens qui sont en relation constante avec un PN en affaires sont pris dans son piège au même titre qu'en relation de couple. Ils sont emprisonnés dans une cage qu'ils croient dorée. Ils sont coincés, ils vivent dans la peur, ils ne remettent pas en cause son comportement, ils sont bien disposés envers lui. Un cercle de violence s'est installé.

La réaction du pervers narcissique face à vos erreurs

Déçu d'une personne, le PN lui fera sentir à quel point l'erreur est pathétique. Il utilisera des stratégies de manipulation qui fonctionnent bien sur cette personne, ce qui fera augmenter son sentiment de culpabilité. Il pourra, par exemple, rester silencieux, s'enflammer, argumenter en ayant un discours « rationnel », menacer de la congédier, etc. L'autre personne se sentira diminuée et désirera démontrer ses compétences. Elle doublera d'ardeur dans ses tâches et son stress augmentera.

Si elle est sur le point de quitter l'entreprise car elle n'en peut plus, il se montrera doux, gentil, s'excusera, etc.

Devant les autres, il se montrera aimable et compréhensif. Il usera de stratégies mensongères pour démontrer qu'il l'apprécie.

Est-ce que vous reconnaissez le *pattern* ? Est-ce que vous voyez une ressemblance avec le PN dans son couple ? Personne n'est à l'abri, même au travail.

EXEMPLE INSPIRÉ

Frédérik (PN) vit des oppositions de la part de Philippe qui ne partage pas les mêmes valeurs et la même vision. Cela cause des frictions entre les deux. Frédérik tente de mettre Philippe à sa main, mais éprouve de la difficulté. Il accentue ses techniques blessantes de manipulation jusqu'à faire vivre du harcèlement psychologique à Philippe.

Frédérick trouve une « justification » pour le congédier. Puisqu'il ne peut le contrôler, cette option s'est présentée dans sa tête.

Mais il ne prendra pas le risque de le faire, il ne veut pas passer pour le « méchant ». Il manipulera sa collègue Simone pour qu'elle passe à l'action pour lui.

Cela a fonctionné. Frédérick a convaincu Simone que Philippe était un problème. Ce dernier était absent pour se défendre. Simone a cru immédiatement Frédérick et a pris position pour lui. Elle a parfaitement mis son plan à exécution. Frédérick ne s'est pas mis au-devant, il contrôlait en arrière-scène.

Leçons à retenir

Souvenez-vous que selon le DSM-5:

Il exploite l'autre dans les relations interpersonnelles: il utilise autrui pour parvenir à ses propres fins (mensonges, chantage, violence verbale, etc.).

Si vous avez l'impression de vivre fréquemment de la pression, du harcèlement, de la tristesse ou de la colère à cause d'un individu, il se peut que ce soit un PN qui se trouve devant vous. Observez comment vous vous sentez à chacun de vos contacts avec lui.

Inutile de vous battre. Si vous vous lancez dans un désir de le dénoncer, vous risquez de vous épuiser. Il a plus d'expérience que vous. Il ne vous laissera pas avoir le dernier mot. Ce sera à vous de choisir si vous restez dans ce climat ou si vous quittez par amour-propre.

Le PN et sa relation avec les éléments extérieurs

Le PN s'est identifié à ce qu'il possède (son titre professionnel, les biens matériels, l'argent, etc.).

Par exemple:

- Je suis «quelqu'un» étant donné ma position au travail.
- J'ai une grosse maison, je possède du matériel de luxe, je suis important.
- Mon argent m'appartient, il fait partie de moi.

Plus il possédera, plus il croira à son importance.

Il ne réalise pas qu'il est plus que cela. Il ne saisit pas qu'il pourrait entretenir des liens à partir de son cœur. Ce n'est donc pas étonnant que lorsque l'une de ses sphères de vie est affectée, il se sent menacé. Il s'est tellement reconnu à travers ces sphères qu'il a l'impression de disparaître si l'une d'elles est chamboulée. Il opère dans la noirceur, soit par la peur, le chaos et la confusion. Il a la facilité de complexifier tous les types de situations.

Lorsque vient le temps pour lui de prendre position, de régler une situation problématique, de trancher, le PN est paralysé. Évidemment, c'est lié à des facteurs extérieurs.

Une de ses plus grandes peurs : mal paraître. Une de ses plus grandes stratégies : la fuite. Un élément qui le décrit bien : la déresponsabilisation. Sa méthode fétiche : rejeter le blâme sur les autres.

Il aura donc recours aux personnes qu'il a réussi à mettre à sa main, ce qui lui permettra de se camoufler en les incitant à monter au front à sa place.

Par exemple, s'il gère les budgets d'une organisation, il fera sentir à son équipe qu'il faut être très vigilant dans les dépenses. Il s'octroiera l'argent pour son bénéfice personnel, car ses propres dépenses ne seront nullement remises en question.

Le PN, de par son rôle dans l'entreprise, s'arrogera tout le pouvoir. Il se sent difficilement comblé. Sa conscience s'arrêtera à la dualité.

Leçons à retenir

Attention

À la lecture de la section précédente, il faut être très prudent. Vous aurez à côtoyer (et peut-être est-ce votre cas) des gens qui occuperont des fonctions importantes dans une entreprise et présenteront des traits de comportement du type « économe » ou s'offriront du matériel luxueux. Ces gens, ou vous-même, ne sont pas des PN pour autant. La différence, c'est que le PN ramène tout à son bénéfice, il prend.

La distinction est très importante. Le PN s'identifie à des choses extérieures prestigieuses car à l'intérieur, il a très peu de valorisation de lui-même. Il prend son estime de soi dans l'extérieur et non dans son propre intérieur, car celui-ci est vide. C'est pourquoi il est finalement très dépendant de son environnement et qu'il veut tant le contrôler. Il s'est tellement identifié à l'extérieur qu'il croit que c'est une partie de lui-même. Il ira chercher l'admiration dans le regard des autres par ce qu'il possède ou par ses fonctions au travail.

C'est l'intention qui est cachée derrière. Lui enlever l'une de ses sphères est horrible pour lui car il se voit disparaître. Ce qui explique pourquoi il est si ardu de « négocier » avec un PN lorsqu'il y a de l'argent ou du matériel en jeu. Il n'a aucune intention de reconnaître votre part car, selon lui, il la possède ; cette part est intégrée à lui. Il est loin de vivre dans son essence profonde, son ego est disproportionné par son manque d'estime de lui-même.

Il veut briller au détriment d'autrui

Durant les premières rencontres, le PN peut idéaliser l'autre personne qui a quelque chose d'attirant pour lui. Il s'accolera à elle pour lui soutirer ce côté qu'il trouve merveilleux. Cependant, comme le PN s'attend des autres qu'ils soient irréprochables, à la moindre petite erreur, cela le déstabilisera et il ne se gênera pas pour faire sentir à cette personne à quel point c'est un drame. Une fois le piège installé, celle-ci décevra assurément le PN. Que ce soit par sa performance remarquable, par son audace à s'opposer à ses idées ou simplement à cause d'une erreur humaine, le PN vivra mal avec cela. D'ailleurs, les gens qui travaillent avec un PN vous diront qu'au début, il les couvrait d'éloges, leur mentionnant à quel point il appréciait leur apport important dans l'équipe.

« Le risque est qu'aussi haute sera l'idéalisation, aussi grande sera la chute[68]. »

En somme, le PN vous attire à lui pour ce qu'il admire de vous et vous rejette pour les mêmes raisons. C'est intolérable pour lui de vous voir réussir et encore plus d'oser partager vos idées pour faire avancer l'entreprise.

Il veut des éloges et être reconnu. Si vous brillez plus que lui, vous le dérangez. Il est envieux et jaloux. Il tentera d'éteindre votre lumière de différentes façons.

Si vous avez une idée remarquable pour un projet et qu'il y voit une belle opportunité, il deviendra le porteur du dossier. Il prendra toute la place. Ainsi, il pourra recevoir le crédit de votre succès. Tandis que vous, vous resterez dans l'ombre, car

68 *Les pervers narcissiques*, Jean-Charles Bouchoux, Éditions Eyrolles, p. 180.

il vous exploitera dans votre propre projet. Il est loin d'être dans la coopération et la bienveillance.

EXEMPLE INSPIRÉ

Liliane travaille dans un centre de santé. Elle a une idée très novatrice pour son département. Elle en parle à sa supérieure, Érika (PN). Cette dernière lui mentionne : « C'est ton projet, je te laisse aller. » Elle laisse Liliane débuter seule, sans aide.

Liliane en parle à ses collègues et tous sont très emballés. Elle s'aperçoit que non seulement elle améliorera le service avec les nouvelles méthodes de travail qu'elle propose, mais elle fera économiser beaucoup d'argent à son département.

Lors d'une rencontre, Érika se rend compte de l'ampleur du projet et comment cela peut amener leur département à briller dans le réseau.

Pendant la réunion, elle prend la parole et toute la place. Elle s'empare du dossier comme si c'était elle qui en avait eu l'idée.

Elle s'implique, organise d'autres rencontres sans inviter Liliane.

Érika veut récolter les éloges et exploiter les autres pour y arriver. Jamais elle n'a reconnu Liliane dans son idée.

Leçons à retenir

Souvenez-vous que selon le DSM-5 :

Il montre un besoin excessif d'être admiré.

Dans le premier cas, Érika a donné carte blanche à Liliane. En optant pour cette stratégie, si le projet n'avait pas fonctionné, elle aurait reporté la responsabilité sur les épaules de

Liliane. Voyant l'intérêt des autres et l'ampleur du dossier, Érika a saisi l'opportunité de s'attribuer le succès du projet. Érika n'aurait pu accepter la gloire de Liliane. Son besoin de briller est plus fort que tout le reste. Le PN s'empare du dossier, délègue et s'approprie les éloges.

Il envie souvent les autres ou croit que les autres l'envient.

Le PN a besoin de votre attention et de celle des autres. Remarquez-le lors des réunions d'équipe. Lorsqu'une personne a tous les regards tournés vers elle, il ramènera l'attention du groupe sur lui, par exemple en partageant un de ses « exploits ».

Vous vous sentirez mis de côté dans vos idées novatrices. Vous n'êtes là que pour le servir et non pour réussir plus que lui.

« ... le voyeurisme de l'être. (...) une tendance maladive à scruter l'intérieur de l'autre. Une propension à jouir de ce qui ne va pas chez le voisin pour arriver à se délecter de sa propre supériorité. Un penchant pour les défauts, les peurs, les faiblesses d'autrui, et une disposition à s'en régaler. (...) Ils peuvent alors sélectionner les individus qu'ils vont rendre impropres à être aimés, c'est-à-dire à peu près tout le monde[69]. »

Attention : tous peuvent avoir une tentation à ce voyeurisme influencé par l'ego. Cependant, pour le PN, c'est un mode qui opère en lui car c'est ainsi qu'il divisera pour mieux régner.

---

69 *Le jour où je me suis aimé pour de vrai*, Dr Serge Marquis, les Éditions de la Martinière, 2017, p. 132.

Rompre une relation d'affaires avec le PN

Ça y est, vous réalisez que ce jeu de manipulation assombrit votre plein potentiel et nuit à votre entreprise. Maintenant, vous êtes prêt à mettre fin à cette relation qui vous empoisonne. Cette toxicité s'est répandue en vous, en les autres et dans l'ambiance générale de l'organisation.

Rompre une association avec le PN ne peut se réaliser comme avec une personne équilibrée. Donc, vous ne pourrez appliquer les méthodes de conciliation proposées. Son ego en sera atteint, il y a de fortes probabilités qu'il cherche à se venger, à gagner. La rupture sera inévitablement compliquée.

Une chose est certaine, vous devriez faire appel à un avocat, peu importe votre lien avec le PN, qu'il soit employé ou associé.

Voyons maintenant les deux scénarios.

Employé ou dirigeant

Le PN a un contrat de travail avec vous ou il fait partie de votre équipe de gestionnaires et vous désirez mettre un terme à son emploi. Vous devrez être prudent, car il pourra utiliser la loi pour contester et tenter de vous causer des problèmes. Vous devez avoir en main un dossier monté avec des faits et bien documenté. Si vous devez le rencontrer pour des mesures disciplinaires, soyez toujours accompagné d'une autre personne. Avant de procéder à quelque action que ce soit, contactez un avocat en droit du travail. Il vous guidera sur la marche à suivre pour vous éviter d'attirer les problèmes.

Vous êtes actionnaire avec un PN dans une entreprise

Cette situation est bien plus complexe que la précédente, autant qu'en situation de séparation de couple. Vous avez un lien important – l'argent. Si le PN est actionnaire majoritaire, faites un deuil de l'entreprise et choisissez de quitter avant qu'il ne vous rende la vie difficile. Il a un pouvoir sur vous: sa part des actions. Avant d'annoncer votre départ, ayez en main votre convention d'actionnaires et les bilans financiers. Soyez stratégique et rencontrez un avocat en droit des affaires. Il analysera le tout et vous conseillera sur la façon de procéder.

Vous devrez couper les liens avec le PN pendant la négociation et vous retirer du processus. Laissez l'avocat accomplir son mandat. Si vous demeurez en lien avec le PN, il vous fera douter et vous risquez de revenir sur votre décision. Les services de votre avocat seront alors inutiles. Le PN réussira à vous amadouer. Également, vous devrez couper les contacts avec les autres membres et actionnaires de l'entreprise. Le PN pourrait se servir d'eux pour passer ses messages. Laissez l'avocat vous guider dans la bonne direction.

Le choix de votre avocat est **important** pour éviter que le PN ne réussisse à le manipuler pour ensuite vous atteindre. Souvenez-vous: c'est un séducteur et un menteur. De plus, en ayant décidé de quitter l'organisation, il perd sa proie et se retrouve en situation d'échec. Il est prêt à tout, à se battre pour que vous restiez ou à vous punir. Si vous restez ferme dans votre décision, attendez-vous à ce que le PN conteste la valeur de votre part dans l'entreprise, car il risque de faire fi de la part qui vous revient. Ne vous mesurez pas à lui, vous pourriez y laisser votre peau.

La séparation en affaires d'avec un PN peut être très pénible.

Vous n'êtes pas en relation de couple avec lui... mais c'est tout comme.

Lorsque vous décidez de mettre fin à une relation d'affaires avec un PN, c'est la continuité de l'épreuve... et même pire, car il sentira qu'il perd le contrôle sur vous et sur les événements. Vous ferez face à sa vraie noirceur. Vous devrez faire preuve de créativité, de patience et apprendre à vivre au jour le jour. Il ne vous laissera pas partir facilement, il veut gagner pour gagner. Même principe lorsqu'il est en couple, la personne qui le quitte réveille en lui des blessures profondes et son ego se met en action.

Souvenez-vous qu'il est insensible à votre souffrance.

Le PN ignorera tout l'apport que vous aurez apporté dans l'entreprise. Vous étiez sa marionnette, celle qui l'aidait à se glorifier. Maintenant, vous souhaitez cesser ce jeu et ce n'est pas sa décision. Vous risquez de faire face à ses côtés les plus sombres.

Il sera important de prendre soin de vous, de vous entourer de personnes qui vous soutiendront et de vous libérer peu à peu à mesure que vous avancerez dans ce processus. Vous devrez préserver vos énergies.

CONCLUSION - PARTIE 2

Quand on enferme la vérité sous terre, elle s'y amasse,
elle y prend une force telle d'explosion, que,
le jour où elle éclate, elle fait tout sauter avec elle.

Émile Zola

Un pervers narcissique, un jour ou l'autre, sera mis en lumière. Ce n'est pas à vous de le faire. La vengeance est à proscrire. Vous ne pouvez sauver qui que ce soit de son emprise. Votre plus grande responsabilité est de reprendre le pouvoir que vous lui avez remis. C'est ici que réside votre grand enseignement en affaires. Vous possédez les capacités de vous faire confiance, de réaliser de grandes choses et de suivre vos élans intérieurs.

La relation d'affaires avec un PN aura été parsemée de défis. Une fois parvenu au terme de votre processus, vous découvrirez à quel point il a pu causer du tort, à vous et aux autres. Comme en relation de couple, vous devrez faire le deuil des gens qui sont toujours en lien avec lui. Ils sont reliés à votre passé. Tant que subsiste un lien, il y a une porte ouverte à la manipulation pour le PN. Plus tard, ce pourra être possible de maintenir des liens avec ces gens, une fois que vous aurez complètement guéri de son passage.

Vous devez passer à autre chose et vous concentrer sur le prochain projet que la vie mettra sur votre chemin. Cette expérience vous amènera certainement à un autre niveau. Vous devrez être prêt et solide pour revenir à votre essence profonde.

Le PN vous aura fait vivre des sentiments d'abandon, de rejet, d'humiliation, de trahison, d'injustice, d'abus. Bref, elle vous aura servi à vous solidifier pour votre prochaine mission. Ce peut être difficile à croire, mais ce pervers narcissique vous aura enseigné de grandes leçons et vous aura permis de devenir une meilleure version de vous-même. À la condition, bien sûr, d'en faire le choix.

Conclusion

Il faut vous souvenir, afin d'éviter de croire que tous les gens qui vous entourent ont une personnalité narcissique, que c'est un mode de vie. Le vrai pervers narcissique joue constamment les rôles du triangle de Karpman (victime-bourreau-sauveur). Il nous arrive à tous d'utiliser parfois des stratégies de manipulation, mais nous ne sommes pas des personnes narcissiques pour autant. La différence est dans l'intention et dans l'état d'être. Le PN a des intentions malveillantes, il se comporte comme un enfant égoïste, et ce, en tout temps.

Lorsqu'il opte pour des comportements bienveillants, c'est dans l'optique de vous manipuler ou de faire diminuer les soupçons s'il se sent à risque de se faire découvrir. Tout est une question de stratégie pour obtenir ce qu'il désire et vous faire plier à ses besoins.

Tel que décrit au début de ce livre, il y a aussi une différence entre un manipulateur et un trouble de la personnalité narcissique. Le manipulateur a une personnalité difficile, il utilise des stratégies pour arriver à ses fins, il est égoïste, il a de la difficulté à avouer ses torts, il ment, etc. Le livre d'Isabelle Nazare-Aga, *Les manipulateurs sont parmi nous*[70], le décrit bien.

Le trouble de la personnalité narcissique est une maladie mentale. Le pervers narcissique, encore plus redoutable, agit de façon équilibrée en société, nous le croyons normal, mais il est dangereux en relation amoureuse et très nuisible en affaires. Une entreprise ne peut se développer en sa présence. Il peut vous rendre malade, vous éteindre, vous empêcher d'évoluer. Maintenant que vous savez qu'il peut être près de vous, vous serez davantage sur vos gardes. Vous pourrez guider d'autres gens afin qu'ils évitent de tomber dans son jeu de manipulation. Continuer à ignorer son existence peut vous amener à dépenser énormément d'énergie et même à vous éloigner complètement de votre Être.

Vous avez des éléments pour le détecter. L'objectif est surtout de vous apprendre à observer vos ressentis pour mieux vous protéger et vous en sortir. Vous ne pouvez être certain du type de personne qui se trouve devant vous, car vous ne pouvez établir un diagnostic. Cependant, si vous ressentez :

- du stress, de l'angoisse, de l'anxiété depuis sa rencontre ;
- fréquemment de la tristesse, de la colère, de la déception à la suite d'une discussion avec lui ;
- que l'on vous ignore dans vos besoins ;

70 *Les manipulateurs sont parmi nous*, Isabelle Nazare-Aga, les Éditions de l'Homme, 2015.

- que vous devez être parfait ;
- que lorsque vous tentez d'émettre votre opinion, vous avez le sentiment que c'est toujours lui qui a raison ;
- que si vous osez vous opposer, une conséquence vous attendra ; le concept *tu obéis ou tu es puni* s'applique fréquemment ;
- qu'il est difficile d'avoir une réponse claire de sa part, aussi banale qu'un OUI ou un NON ;
- que c'est compliqué et encore compliqué ;
- il est maintenant temps de vous choisir, car vous êtes fort probablement dans une relation toxique.

Je vous donne le conseil suivant : soyez prudent lorsque vous faites la rencontre de nouvelles personnes. Observez davantage les comportements car la vérité s'y retrouve beaucoup plus que dans les paroles. Le PN passe inaperçu dans les premiers contacts. Il vous bernera, vous fera des compliments, optera pour des comportements généreux, gentils. Il deviendra alors en apparence une « bonne personne ». Vous vous confierez, lui ouvrirez vos bras, l'embaucherez comme associé, etc. Vous vous engagerez rapidement dans la relation. Il usera de stratégies, selon son analyse de vous, avant de démontrer son vrai visage. Tout cela se passera lentement, insidieusement, avant que vous ne découvriez peu à peu qui il est vraiment. Et encore… vous embarquerez dans son jeu, une emprise s'installera entre vous et vous aurez l'impression que tout est normal.

Jusqu'à ce que vous décidiez que ce mal-être et cette souffrance... ça suffit!

Cet ouvrage vous aura servi à vous donner des éléments pour vous aider à comprendre dans quel jeu vous vous trouvez ou à qui vous pouvez avoir à faire face.

Maintenant, il est temps de prendre position et d'aller chercher l'aide nécessaire pour revenir à vous. Les pervers narcissiques sont peu nombreux, mais malheureusement, plusieurs personnes remettent leur pouvoir entre leurs mains et se laissent dominer par eux.

Une fois sorti de la relation

Vous vous souviendrez pour toujours du passage d'un PN, et ce, peu importe dans quelle sphère de votre vie.

Si des émotions négatives vous envahissent, cela vous démontre qu'il y a encore des liens entre lui et vous.

Apprenez à vous libérer de ces émotions et à ne pas les alimenter.

Les astuces

- Lorsque des émotions négatives vous envahissent, la méditation de Louis Yaguera, un nettoyage énergétique rapide, est très puissante. Elle ne dure que dix minutes et vous vous épargnerez plusieurs minutes (même des heures) de mal-être. https://www.youtube.com/watch?v=F_fLO8O7Dig
- Le coaching avec la méthode Succès Infini™ est un accompagnement qui vous aidera à vous libérer de vos

obstacles intérieurs et des liens toxiques qui sont encore présents entre vous et le PN.

- TNSO et les Baumes sonores® sont des soins vibratoires uniques. Une thérapie alternative par le son pour harmoniser toutes les sphères de votre vie. https://www.tnso.me/
- Les intervenants dans les centres d'hébergement pour victimes de violence conjugale sont disponibles en tout temps. Un petit coup de fil peut vous apporter un grand réconfort.

Une fois que vous aurez avancé sur le chemin de la guérison et que le temps aura fait son œuvre, peut-être envisagerez-vous de manifester de la compassion envers cet individu ?

Si nous y réfléchissons un instant, cette personne est prise dans les structures de son ego et les structures mentales qu'elle a développées depuis son enfance. Elle est coincée dans ses peurs, ses souffrances et ses croyances limitantes, tout en étant incapable d'admettre que c'est le cas. Elle se croit heureuse et bien, fait du mal en voulant apaiser la douleur qu'elle ressent de par ses carences affectives. Elle ne peut donner l'amour qu'elle n'a pas reçu.

« Il a verrouillé en lui toute faille pour se prémunir de son vide intérieur, de ses angoisses inconscientes de disparaître dans le néant et d'être détruit par l'autre[71]. »

Il en sera ainsi toute sa vie, à moins qu'un traumatisme ne l'amène à briser cette illusion. Pour le moment, elle se croit

71 https://www.psychotherapie-calonne.be/pervers--narcissique--ou-pervers-narcissique---les-distinguer-pour-mieux-se-liberer_ad114.html

protégée de ses souffrances intérieures, ce qui l'empêche d'évoluer et de grandir.

Alors que vous, vous avez la possibilité et tout le potentiel de vous renouveler.

Plus vous avancerez dans votre transformation, plus vous apprendrez à vivre aligné avec qui vous êtes réellement. Et c'est là, la voie vers votre liberté ! Le passage du PN vous aura appris à grandir en conscience sur l'ouverture de votre cœur. Même si vous avez souffert, il vous aura apporté une énorme guérison intérieure car après cette expérience douloureuse, vous entamerez un cheminement de libération pour revenir à votre essence.

Vous avez maintenant l'opportunité de vous réinventer. N'est-ce pas merveilleux ? Vous aurez affronté vos plus grandes peurs. Votre amour envers vous-même aura énormément grandi et vous pourrez le rayonner autour de vous.

Il est temps maintenant de vous pencher sur les avantages de son passage. Même si cela peut paraître utopique d'y croire, son passage vous aura certainement amené à vous métamorphoser et à comprendre bien des éléments de la vie. Cette personne est venue jouer un rôle important. Elle vous a propulsé, solidifié et fort probablement amené à l'endroit où vous devez être.

Entre autres, vous pourrez remarquer qu'elle vous a appris à vous aimer, à vous choisir, à comprendre que votre valeur est immense et que vous avez augmenté votre confiance en vous.

Le pardon dans tout ça, ou plutôt l'acceptation

> *Commencer ce processus (le pardon) en dehors de soi-même ne fonctionne tout simplement pas. Commencer à l'extérieur de soi est seulement une façon de tourner autour du pot et de s'autoflageller par la même occasion*[72].

Chaque chose en son temps, vous devez éviter de vous mettre cette pression du pardon. Ce désir absolu provient de votre ego ou des pressions extérieures. Vous devez d'abord envisager le processus de guérison, de libération pour lentement accepter ce qui a été. Cela prendra le temps qu'il faudra. Souvenez-vous que chaque pas vers l'acceptation de ce qui a été vous ouvre une nouvelle porte dans votre processus de guérison. Évitez de rester en position neutre. Vous devez maintenant avancer pour réaliser que vous êtes une personne importante à vos propres yeux et vous libérer du sentiment de culpabilité. Le temps et le chemin de la guérison sont propres à chacun.

Ensuite, vous pourrez vous pardonner, car vous ne saviez pas ce qui vous attendait dans cette relation, et c'est ainsi. Vous devez éviter de ruminer de la colère, même si c'est une émotion qui fait partie du processus. Vivez-la, mais évitez de la ruminer. Ce sera plus nocif pour vous et vous retarderez votre renaissance.

Une chose est certaine : le PN aura été l'un des plus importants enseignants de votre vie terrestre. Ne l'ignorez pas. Non seulement vous êtes une personne totalement différente, mais

---

72 *Les douze étapes du pardon*, Paul Ferrini, Éditions AdA inc., 2016, p. 2.

votre humanité a grandi et vous vivez davantage dans votre cœur. Votre traversée dans ce tunnel ténébreux vous amènera à vous connecter à votre divinité intérieure.

Le passage du PN vous aura permis de traverser votre côté obscur (vos blessures inconscientes) pour ainsi briller de tout votre Être. C'est à vous de choisir : rester dans le jeu de l'ombre ou traverser celle-ci pour accéder à votre lumière qui est votre potentiel infini.

Vous devez briser le cycle de la dualité. Cela crée des déséquilibres en vous et obstrue votre chemin. Cessez de négocier avec la noirceur et concentrez-vous sur votre lumière.

Que voulez-vous vraiment ?

La lumière vous attend et c'est en l'incarnant que l'ombre se dissipera.

Plus vous avancerez dans votre libération, qui est un passage indispensable, plus vous prendrez conscience que cette expérience troublante vous aura propulsé vers une transformation importante de votre Être.

Et qui sait, vous deviendrez peut-être un « guérisseur » afin d'aider ces victimes d'un PN qui souhaitent enfin être libres.

Je vous souhaite une belle continuité dans ce processus parsemé de hauts et de bas. L'important est de reconnaître que vous avez le pouvoir d'accéder à la vie lumineuse qui vous attend.

Maryse xx

~

Je vous invite à lire le texte de l'auteure Caroline Gauthier, de Marseille en France. J'apprécie beaucoup cette femme, et ses écrits illuminent les consciences du monde. Avec son autorisation, je vous invite à découvrir ce texte merveilleux !

Un petit texte sur l'ombre et la lumière

– L'ombre, ça n'existe pas ! Tout est lumière...

– Ok, si tu veux ; mais tu sais que penser que l'horreur et l'ombre n'existent pas n'est pas la clé, car si tu penses cela, c'est que tu dors. Et l'ombre pourra alors se répandre partout.

– Bon, ok, admettons que l'ombre existe, il suffit alors de la nier ! Et le tour est joué !

– Certes, pourquoi pas... Mais sais-tu que nier l'ombre n'est pas la clé non plus ? Car elle est maligne et elle fera son métier d'ombre si tu ne la vois pas... Et toute sa noirceur se diffusera partout, y compris sur toi, car tu ne l'auras pas entendue venir. Donc, si tu veux éclairer le monde, ce n'est pas comme cela que tu dois t'y prendre.

– Soit, tu as peut-être raison... Bon, je ne vais alors pas la nier... Tu m'as convaincu... Alors c'est simple, je vais savoir qu'elle est là, mais je vais lui tourner le dos pour ne pas lui donner de puissance... Il suffit de ne pas la nourrir et hop le tour est joué ! Pfiou. Fini... ah ah ... malin hein ?

– Bien trouvé... Mais tu sais, encore une fois tourner le dos à l'ombre n'est pas la clé, car elle pourra se répandre partout, sans que tu puisses l'éclairer de ta lumière. Comprends-tu ?

– Oh là là !!!! Bon, écoute, c'est évident maintenant... Je vais aller tous les jours vers la lumière... pour grandir et rayonner... et là c'est sûr, y aura plus de soucis !

– Tu chauffes... Mais ce n'est pas encore ça. Aller vers la lumière n'est pas la clé non plus, car la lumière éclairera la lumière, et donc seulement elle-même... donc rien du tout, à part elle-même... et encore une fois, l'ombre et sa noirceur continueront à se répandre partout.

– Oh mais c'est dingue ça ! Tu ne vas quand même pas me dire que la clé, c'est descendre dans les ombres quand même !!!

– Non... je te rassure... Car l'ombre est tellement noire que tu serais immédiatement aspiré dans un trou dont tu ne pourrais plus jamais sortir.

– Bon ben, alors quoi faire ???

– Il n'y a qu'une seule chose à faire... Juste avoir le courage de regarder l'ombre dans toute sa noirceur, ne plus tricher, et malgré cette vision si noire et si obscure, arriver à garder ta lumière allumée. C'est cela que l'on nomme l'amour.

Et tu sais, la lumière qui éclaire une ombre la fait disparaitre instantanément.

Caroline GAUTHIER
https://www.caroline-gauthier.fr/

~

Ce texte est d'actualité.

Pour ceux qui ne veulent rien voir, attention, car la noirceur gagne du terrain…

Pour ceux qui voudraient basculer du côté obscur de la force…. attention, car la noirceur ne fait pas partir la noirceur…

Seule la lumière le peut…

#jetevois

Love you all

Vivre sa vraie Nature aujourd'hui
est une nécessité pour la transformation
dont le monde a besoin demain.

Caroline Gauthier

Suggestions de lecture et bibliographie

ABC de la manipulation, Alain Samson, Béliveau éditeur, 2019.

Comment gérer les personnalités difficiles, François Lelord et Christophe André, Éditions Odile Jacob, 2000.

Détecteur de mensonges, Annabelle Boyer, Béliveau éditeur, 2019.

Egoman, Dr Serge Marquis, Guy Saint-Jean Éditeur, 2016.

Esquivez les vampires d'énergie, Christiane Northrup, Éditions Le Dauphin Blanc, 2019.

Et que nos âmes reviennent, Sabrina Philippe, Éditions Edito, 2019.

Je veux vivre, Ginette Latulippe et Nathalie Simard, La Bouée, 2019.

La voie des travailleuses de lumière, Nora Caron, Éditions le Dauphin Blanc, 2019.

La voie du cœur, Nora Caron, Éditions le Dauphin Blanc, 2018.

Les douze étapes du pardon, Paul Ferrini, Éditions AdA inc., 2016.

Le jour où je me suis aimé pour de vrai, Dr Serge Marquis, les Éditions de La Martinière, 2017.

Les manipulateurs et l'amour, Isabelle Nazare-Aga, les Éditions de l'Homme, 2004.

Les manipulateurs sont parmi nous, Isabelle Nazare-Aga, les Éditions de l'Homme, 2015.

Le monstre, Ingrid Falaise, Éditions Libre Expression, 2015.

Le monstre – la suite, Ingrid Falaise, Éditions Libre Expression, 2017.

Les pervers narcissiques, Jean-Charles Bouchoux, Éditions Eyrolles, 2015.

Relations sous emprise, Annabelle Boyer, Béliveau éditeur, 2015.

Transformez vos épreuves en forces, Maryse Audet, Béliveau éditeur, 2020.

Remerciements

Derrière chaque auteur se cache un vécu ! Les personnes qui ont un impact important dans notre vie, je tiens à les remercier personnellement.

Un énorme merci à ces gens qui ont marché à mes côtés et qui, par leur lumière, ont su me guider et me soutenir. Je pense à mes amies Karine P.-G., Karine N., Kim, Caroline, Monia, Marianne, Lynette, Marie-Michelle, Véronique B.-D., Véronique B., Sylvie S. et Sylvie C., ainsi qu'à toi Steve. Vous avez été présents au bon moment dans ma vie ! Évidemment, car tout est parfait.

Merci à ces gens qui m'ont fait vivre un chaos et qui m'ont propulsée vers le haut. Grâce à vous, j'ai appris. Je reprends le positif qui me revient. Aujourd'hui, j'accepte ce qui a été.

Merci à mes enfants d'être à mes côtés ! Vous êtes de bons enseignants. Je vous aime.   xxx

Merci à toute l'équipe de Béliveau éditeur que j'ai la chance de côtoyer à différentes étapes du processus de publication : Mathieu, Sylvain, Sylvie, Diane, Annabelle !

À propos de l'auteure

Avec un baccalauréat en administration des affaires profil ressources humaines de l'Université du Québec en Abitibi-Témiscamingue (UQAT), **Maryse Audet** est devenue entrepreneure à l'âge de 28 ans.

Maman de deux jeunes enfants et bénévole active pour Leucan[73] dans sa région natale, l'Abitibi-Témiscamingue, elle a su exploiter son potentiel tout au long de son cheminement. La lecture, la méditation et la pratique du yoga lui ont permis de perfectionner ses connaissances en mieux-être.

Membre de l'Ordre des conseillers en ressources humaines agréés (CRHA), elle est conférencière, formatrice et transformatrice du potentiel humain. Elle est intervenue auprès de plusieurs entreprises dans leur gestion du changement et le développement des ressources. Elle met son audace et sa passion au service de projets ambitieux et motivants.

Son champ d'expertise ? Accompagner des gestionnaires d'entreprise afin de rendre leurs équipes de travail plus alignées et performantes. Son intuition très développée lui permet de pousser les individus à développer leur leadership,

73 Leucan est un organisme sans but lucratif québécois visant à venir en aide aux enfants atteints de cancer.

leur savoir-être et leur capacité de réussite. Par sa force, elle ravive la passion des gens pour les ramener à l'essentiel : ce qui les habite au plus profond d'eux-mêmes.

Elle s'est ainsi taillé une place dans le monde des affaires en éclairant ses clients dans leur processus de changement, en ciblant les personnes toxiques en entreprise et en les guidant vers les bons choix pour eux.

Elle a suivi sa formation de coach selon la méthode *Succès Infini* afin de déployer les ailes de chaque personne qui souhaite transformer sa vie.

Vous pouvez la suivre sur :
facebook.com/maryseaudet.auteure/
instagram.com/maryseaudet.auteure/
linkedin.com/in/maryse-audet-6909064b/

www.synergie-rh.com

www.maryseaudet.com

Note de Maryse

Je travaille auprès des organisations depuis plus de 10 ans. Je suis devenue consultante en 2011 et aujourd'hui, je suis transformatrice du potentiel humain. J'amène les organisations et les entrepreneurs à propulser le potentiel de l'entreprise et les gens qui la composent.

Si vous œuvrez dans le milieu des affaires en tant qu'entrepreneur ou gestionnaire, n'hésitez pas à communiquer avec moi. Il me fera plaisir de vous aider à développer davantage tous les talents qui sont déjà au sein de votre équipe!

www.maryseaudet.com

AUTRES OUVRAGES CHEZ BÉLIVEAU ÉDITEUR

RELATIONS SOUS EMPRISE

Comment s'en libérer sur le plan personnel et professionnel

ANNABELLE BOYER

Qu'ils s'agissent d'une idylle amoureuse, d'un investissement financier, d'une amitié toxique, d'un parent envahissant ou d'un patron harcelant, être sous l'emprise d'une personne est aliénant et destructeur. S'en libérer relève de l'exploit, mais c'est réalisable.

Vous vivez cette réalité ou vous connaissez quelqu'un aux prises avec un arnaqueur, un contrôlant, un profiteur, un manipulateur ? Alors voici des outils concrets pour vous en sortir ou intervenir !

DÉTECTEUR DE MENSONGES

Comment distinguer la vérité du mensonge

ANNABELLE BOYER

Voici enfin des outils efficaces pour mieux comprendre les formes subtiles du mensonge et de la tromperie et ainsi vous approcher de la vérité.

Grâce à ce guide qui vous présente une approche logique, empreinte d'exemples concrets, vous pourrez entrer dans l'intelligence des mots, l'analyse du langage corporel et les neurosciences pour mieux observer l'omission et la déformation de la réalité. Vous comprendrez comment devenir un détecteur de mensonges aguerri et surtout comment confronter un menteur afin d'obtenir la vérité et pas seulement sa résistance à avouer.

VISITEZ BELIVEAUEDITEUR.COM

Suivez Béliveau Éditeur sur les réseaux sociaux pour rester informé des nouveautés, des ouvrages parus et des activités !

www.facebook.com/EditeurBeliveau

www.instagram.com/beliveaueditteur

www.youtube.com/c/BéliveauéditeurBoucherville

www.beliveauediteur.com

Achevé d'imprimer
sur les presses de
Imprimerie H.L.N.
Imprimé au Canada - Printed in Canada